双向八车道公路隧道群建设管理与创新

刘洪武　主　编

赵　然　刘　鹏　石少帅　副主编

人民交通出版社股份有限公司
China Communications Press Co.,Ltd.

内 容 提 要

本书以双向八车道公路隧道群建设工程为背景，详细介绍了超大断面隧道群建设工程施工总承包投资控制以及建设全过程中的安全管理创新，设计施工总承包管理模式有效控制了成本，提高了效率，全过程安全管理系统的使用整合了资源，提高了决策效率。

本书可作为隧道工程管理、施工人员以及高校师生参考用书。

图书在版编目（CIP）数据

双向八车道公路隧道群建设管理与创新 / 刘洪武主编. — 北京：人民交通出版社股份有限公司，2018.11

ISBN 978-7-114-15187-3

Ⅰ.①双… Ⅱ.①刘… Ⅲ.①公路隧道—隧道施工—施工管理 Ⅳ.①U459.2

中国版本图书馆 CIP 数据核字(2018)第 275221 号

Shuangxiang Bachedao Gonglu Suidaoqun Jianshe Guanli yu Chuangxin

书　　名：双向八车道公路隧道群建设管理与创新
著 作 者：刘洪武　赵　然　刘　鹏　石少帅
责任编辑：韩亚楠　赵瑞琴
责任校对：刘　芹
责任印制：张　凯
出版发行：人民交通出版社股份有限公司
地　　址：（100011）北京市朝阳区安定门外外馆斜街 3 号
网　　址：http://www.ccpress.com.cn
销售电话：（010）59757973
总 经 销：人民交通出版社股份有限公司发行部
经　　销：各地新华书店
印　　刷：北京虎彩文化传播有限公司
开　　本：787×1092　1/16
印　　张：9
字　　数：178 千
版　　次：2018 年 11 月　第 1 版
印　　次：2018 年 11 月　第 1 次印刷
书　　号：ISBN 978-7-114-15187-3
定　　价：38.00 元

编　委　会

前 言

Foreword

近年来,随着经济实力的不断增强,我国的基础设施建设和交通事业取得了飞速发展,公路建设的规模和数量不断增加,在公路建设中隧道在改善线形、缩短行车距离、避免地质灾害、保护生态环境等具有显著的优点,已成为公路建设的重要组成部分,我国已经成为世界上隧道工程数量最多、最复杂、发展最快的国家。

20 世纪 50 年代,我国仅有 30 多座公路隧道,总长约 2.5km;60 年代至 70 年代,我国干线公路上曾修建了百米以上的隧道,1964 年修建的北京至山西原平公路(四级公路)上的两座 200m 以上的隧道已是非常大的工程;截至 1979 年,我国公路隧道也仅有 374 座,总长为 52 km[1]。进入 21 世纪,地下空间资源得到进一步开发和利用,隧道作为地下空间利用的基本形式,在公路、铁路、城市地铁等交通路网中发挥着重要的作用。随着我国经济迅速发展和科技水平的不断提高,公路建设中隧道的应用越来越引起人们的重视,并得到迅猛发展。大量的隧道和隧道群的建设,取得良好的社会经济效益。

公路隧道属于道路系统基础设施中重要的一环,具有交通容量有限、内部空间封闭、缺少自然采光、通风受限、行车环境单调等空间结构特性。在发生交通事故时有灾害扩大速度快、联络与逃生困难等情况。我国公路隧道的建设和管理起步较晚,尤其是对于高速公路隧道的投资控制管理与安全管理仍处于探索成长阶段。

济南东南二环项目由济南绕城高速济南连接线和京沪高速济南连接线组成。该项目全线共设 6 座隧道,设计方案均为上下行分离式的单洞 4 车道超大断面高速公路隧道。隧道里程总长近 10km,其中浆水泉隧道全长 3 100m,为国内最长 4 车道高速公路隧道。济南绕城高速济南连接线项目路线全长 3.1km、建设里程8.572km(搬倒井互通路段计入京沪高速济南连接线工程)。该项目是济南市"三横六纵"快速路网规划的重要路段,也是济南市连接市区快速路主干道与环城高速入口的重要部分,项目的建设对于缓解济南市区交通压力具有十分重要的意义。

在东南二环隧道群建设中，全体隧道建设者们不畏艰辛，敢于创新，圆满完成了隧道建设工作，并在隧道群建设管理与创新上取得了突破，我们编写此书的目的是希望介绍在东南二环项目中设计施工总承包管理制度、安全管理制度与安全管理系统建设中的成功经验。特别是利用数字化、远程化、智能化的元素和已建隧道案例数据与在建隧道监测数据，实现数据采集、监测、预警与管理，在勘察、设计、施工、运营阶段实现隧道生命全周期数字化管理，不断提高我国的隧道建设水平和安全管理体系。

编　者

2018 年 11 月

目　录
Contents

第1章　概　　况

1.1　工 程 简 介

济南东南二环项目全长21.59km，设隧道6座，特大桥1座，大桥2座，其中6座隧道均为双向八车道，建设数量和规模创世界之最。

济南东南二环项目由济南绕城高速公路济南连接线和京沪高速公路济南连接线组成。其中，济南绕城高速公路济南连接线项目路线全长10.707km、建设里程8.572km（搬倒井互通路段计入京沪高速公路济南连接线工程）。主线设特大桥1座、大桥1座、涵洞5道、改建互通立交1座、新建互通立交2座，设出入口2对、隧道3座、分离式立交1座、天桥1座、收费站1处、桥隧监控通信站1处、养护管理站1处（同址合建），永久占地60.24公顷。其中起点至旅游路出入口段采用双向六车道城市快速路标准，设计速度60km/h，路基宽度25.5m；旅游路出入口至搬倒井互通段采用双向八车道城市快速路标准，设计速度60km/h，路基宽度34.0m；搬倒井互通至终点段采用双向六车道一级公路标准，设计速度80km/h，路基宽度34.0m。

京沪高速公路济南连接线项目主线全长12.012km，设大桥3座（包含搬倒井互通立交、龙鼎互通立交范围内主线桥），互通立交4处，通道1处，隧道3座，桥隧控制管理所1处、养护管

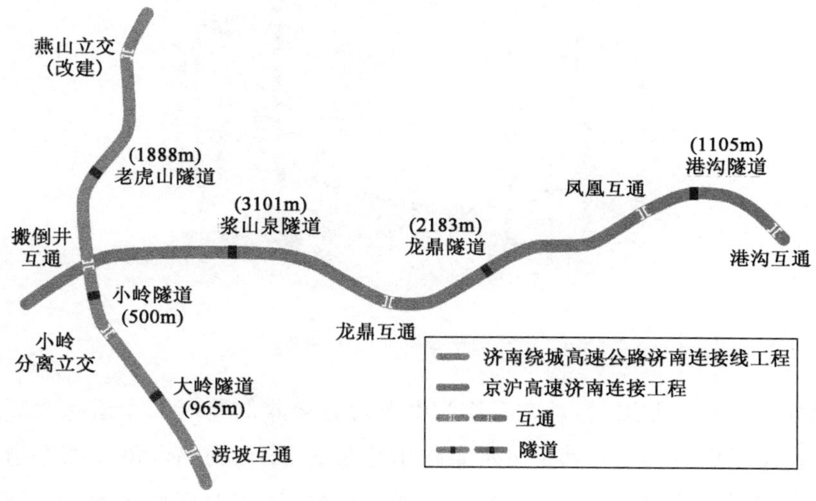

图1-1　济南东南二环项目示意图

理站1处(同址合建),永久占地104.86公顷。其中起点至搬倒井互通段采用一级公路标准,设计速度60km/h,双向六车道城市快速路标准布置断面,桥梁宽度25.0m;搬倒井互通至京沪高速公路港沟收费站段采用双向六车道一级公路标准,设计速度80km/h,整体式路基、桥梁宽度34.0m,分离式路基断面宽度17.0m。

济南东南二环项目作为高速公路连接线(图1-1),采用一级公路标准,兼顾城市快速路功能。桥涵设计荷载等级为公路-Ⅰ级,采用城-A级校核,桥涵及路基设计洪水频率1/100,地震基本烈度为6度。其余技术指标按《公路工程技术标准》(JTG B01—2014)执行。项目批复总概算723 629.64万元,计划工期36个月。

1.2 工程修建特点

该项目是济南市"三横六纵"快速路网规划的重要路段,也是济南市连接市区快速路主干道与环城高速公路入口的重要部分,项目的建设对于缓解济南市区交通压力具有十分重要的意义。济南绕城高速公路连接线工程北起济南燕山立交,沿二环东路向南与旅游路交叉,路线前端设搬倒井互通与京沪高速公路济南连接线相接,经小岭村、大岭村西、白止岗东,在规坡村西与绕城高速南线相接至终点,并预留南延至泰安的接线条件,路线全长10.707km;京沪高速公路济南连接线西起二环南路高架桥,东接港沟收费站,路线全长12.012km,沿途设浆水泉隧道、龙鼎隧道和港沟隧道3座隧道以及龙鼎互通立交和凤凰互通立交两座立交桥,见图1-2。

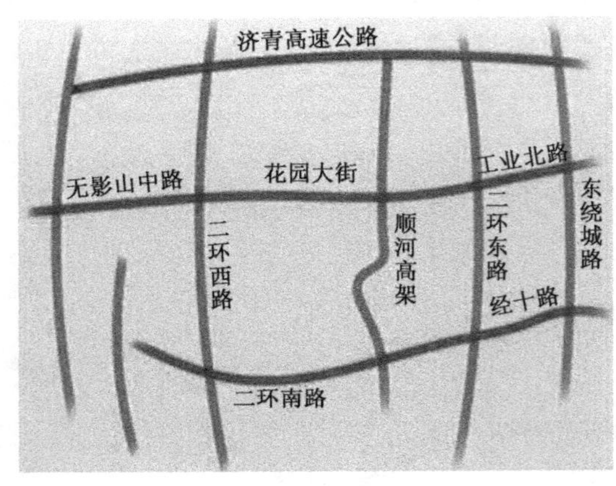

图1-2 济南市"三横六纵"城市快速路系统

该项目全线共设6座隧道,设计方案均为上下行分离式的单洞四车道超大断面高速公路隧道。隧道里程总长度近10km,其中浆水泉隧道全长3.1km,为国内最长四车道高速公路隧道;龙鼎隧道、港沟隧道建设过程中穿越多处断层破碎带,属于典型的浅埋、小净距、大跨度隧道。该线隧道工程,无论是工程规模、开挖跨度及长度还是地质复杂程度都是全国少见,且岩层近水平层状发育、不稳定，掉块、塌方事故极易发生，施工风险高、施工难度大。

在项目建设中，发挥推行设计施工总承包模式优势，简化计价办法，创新工程量清单计价方式原则。一是将工程进度与工程计量有机结合，以形象进度作为计量的依据，把合同总价分摊到各清单细目中，按照形象进度据实支付，简化工作程序，有效控制投资。能够减少协调费用和时间，更有利于进度控制。二是积极拓展融资渠道，保证项目资金及时到位。形成以股东投资为基础、以外部商业银行贷款为主体、以委托内部银行贷款为辅助的多渠道融资格局。在资金管理中，采用严格的预算管理模式，月初编制预算、月中严格控制、月末进行差异分析，根据当月资金需求进行资金筹集，严格控制账户资金余额，保障项目资金及时供给的同时大大降低了资金成本。三是利用现代化通信手段，加强计划调度。在燕山立交高架桥交工冲刺阶段，项目公司组建微信群调度平台，全体参建人员时时互通信息，图文并茂展示施工进度，做到了指挥调度协调统一，现场落实准确到位，检查验收不留空隙，实现了施工进度按“分”“时”控制，为顺利通车奠定了坚实基础，在后续施工中将继续总结和推广。

全面推行“1234 管理标准”，夯实质量基础：

“1”是“一个平台”：在重大结构物施工现场建立质量安全曝光平台，对现场的质量问题及时曝光并闭合整改，对相关责任人予以处罚，质量管理深入一线。

“2”是“两个标准化”：场站标准化与工艺标准化齐头并进，尤其是自主研发并推广的防水板挂设定位工艺、防水板超声波焊接工艺、止水带焊接及固定工艺、仰拱钢筋定位工艺、电缆槽台车作业工艺、二衬及桥梁护栏智能养生工艺取得良好效果。

“3”是“三项制度”：包括原材料留样制度、质量可追溯制度、首件工程认可制度。原材料留样制度要求各施工单位按照标准化要求设置原材料留样室，并建立原材料进场及责任台账，确保施工质量在原材料上的可追溯性。质量可追溯制度要求施工中所有工序环节都要建立质量溯源台账，各工序环节如开挖、立架、锚杆打设、初喷混凝土、挂防水板、二衬施做等都要留存影像资料并有质量责任人进行签认，把具体操作人、检测人、监督人等均记录在册，便于质量追责和考核。在计量支付时必须附齐相关质量溯源台账后方可予以计量。首件工程认可制度立足于“预防为主、先导试点、以点带面、全面推广”的原则，对分项工程的各项技术、质量等指标进行综合总结与评价，及时预防和纠正后续生产可能出现的各种质量问题，提升整体工程品质。

“4”是“四项微攻关”包括：拱架安装机器人、混凝土路面板精细化铺装设备、BIM 技术指导机电安装施工、钢绞线锚下预应力检测。

在安全管理方面：

一是研发了安全管理体系，增补制定了《分项工程开工安全工程师签认制度》《轮岗安全员制度》《重大事故隐患清单管理制度》等 10 余项创新型管理制度，贯彻落实了安全生产责任制。

二是积极开展防汛安全、隧道坍塌、安全生产月、隐患大排查快整治等专项活动，提高全体参建人员的安全意识。

三是及时开展消防、防汛、隧道坍塌等各项应急演练，根据实际效果修订完善，提高应急预案的针对性和可操作性。

四是严格安全生产费管理。要求各施工单位提前将次月安全生产费使用计划报监理处审核，合格后报项目公司审定。在计量安全生产费时，现场所购置的大件安全物资与所报计量项目相符后方可计量。通过以上措施能够合理有效地掌控各施工单位的安全生产费使用情况，保证安全生产费投入充足、落实到位、专款专用。

第2章　设计施工总承包管理

2.1　设计施工总承包模式背景

设计施工总承包是将工程项目的设计与施工合并招标，由中标人对工程的设计和施工实行总承包的一种工程管理模式，也是一些发达国家工程项目管理的成功经验。设计施工总承包项目管理模式起源于欧洲[2]，是国外早已应用的项目管理模式，而且应用效果不错。设计施工总承包模式以其自身的优势和特点，逐步受到各国业主的青睐[3]。

设计施工总承包项目模式能够减少协调费用和时间，有利于进度控制，风险单一，最大的优势是有利于控制成本和造价。国外的应用经验证明，采用设计施工总承包模式，平均可降低工程造价10%左右[4]。

自2010年以来，中国经济增速持续下探。国家统计局公布的数据显示，2014年第三季度中国GDP同比增长率仅为7.3%，创下22个季度以来的新低。中国经济增速由高速增长向中高速增长的“新常态”转变[5]。基础设施投资尤其是交通工程投资对提高国家GDP起着决定性作用[6]，2013年到2030年新建高速公路合计11.8万km[7]。在公路工程传统的施工承发包模式中，项目竣工决算往往会大幅超出项目概算，导致工程项目投资入不敷出，项目投资控制压力巨大。传统的承发包模式中，建设单位管理设计单位、施工单位、监理单位、各级政府征地拆迁部门及其他服务单位，管理单位多，协调难度大，层级复杂，指令传达慢而且执行力差[8,9]。设计施工总承包模式中，总承包单位承担了很多的管理责任，建设单位与各单位之间责任与义务的重新分配可以减少管理层级。实行设计施工总承包探索新的投资控制模式是突破管理瓶颈，提高管理效率及市场竞争力的最佳措施。传统管理模式弊端见图2-1。

设计施工总承包就是设计单位和施工单位作为利益的共同体合并招标，由中标人对工程项目实行项目管理[10]。这种方式对建设单位极为有利，也是大势所趋。可以促进设计单位与施工单位的紧密结合，充分挖掘设计、施工协作潜力，有效解决设计与施工脱节问题，有利于资源的优化和配置，更好地保证设计与施工质量，能够有效控制工程造价的管理空间，最终实现项目投资的控制管理[11-13]。同时，对推进公路工程勘察设计和施工企业间的战略重组，培育具有国际竞争力的大型建设企业具有较大的意义[14]。

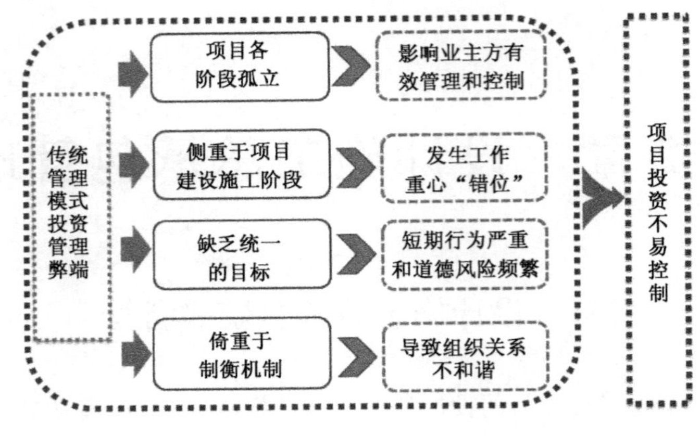

图 2-1　传统管理模式的弊端

2.2　国内外设计施工总承包模式发展状况

国外设计施工总承包模式从古希腊时期就已具雏形，1986 年以来，设计施工总承包模式又经历了非常快的发展，特别是在国外的政府采购项目中。模式无论在工程总量上还是在占总体建设市场的比例上都有着持续的增长，模式所占的比重不断加大，成为主要的公共项目承包模式之一。

从 20 世纪 80 年代开始，我国就已提出要推动工程总承包，然而时至今日，除了在化工、石化、电力等专业领域贯彻执行情况良好之外，在房建等领域，工程总承包模式的发展却步履迟缓，在公路建设中，我国现已逐步推行设计施工总承包管理模式。1997 年的《中华人民共和国建筑法》明确提倡对建筑工程实行工程总承包，以此确立了工程总承包的法律地位。2003 年 2 月 13 日，建设部颁布《建设部关于培育发展工程总承包和工程项目管理企业的指导意见》（建市[2003]30 号），开始在全国范围内全面推广工程总承包和工程项目管理。住建部 2015 年 1 月份推出了《关于进一步推进工程总承包发展的若干意见》，明确要积极推行工程总承包模式。2015 年 8 月交通运输部公布实施了《公路工程设计施工总承包管理办法》，鼓励具备条件的公路项目实行设计施工总承包模式。

2.3　设计施工总承包模式的项目意义

设计施工总承包模式能提高企业科学发展水平，实现集团可持续发展的需要，当前采用的传统投资模式资金占用比例大，项目管理投入高，自身风险比例高，根据集团五年规划目标，利润总额每年要增长 10%，营业收入、利润总额、资产规模、国有资产保值增值率、净资产收益率等 5 项主要指标达到全国同行业第一位。在管理水平、人才层次、诚信度上都要达到全国一流水平，向世界最高水平看齐，打造“中国高速集团”，营业收入要达到世界500强的门槛要求，同步提高效益指标，在数量和质量上都进入世界500强。创新投资管理模式可以大幅转移风险，减少资金占用比例，提高集团科学发展水平，实现集团可持续发展。

高速公路建设企业基于设计施工总承包项目投资控制管理的内涵，顺应住建部与交通运输部相关要求，制定了科学的经济决策目标，完善了相关制度体系，优化了组织结构。通过合理制定招标控制价，保障了参建各方利益；坚持大标段原则，吸引有实力的特大企业参与建设；通过以投资建设为主向投资建设一体化转变，推行入股施工一体化。通过设置总承包风险费，合法规避施工风险；施工过程中简化计价方法，创新工程量清单计价原则，各种措施保障了设计施工总承包项目获得明显经济效益。

2.4　设计施工总承包模式研究内容

(1)制定科学的经济决策目标，完善制度体系

设计施工总承包项目特点在于设计与施工的充分结合，总承包单位在满足项目使用功能的前提下，可以采用合理的优化设计使工程造价大幅度降低。但对于建设单位来说，在总承包价格包干的情况下，优化设计并不会对建设单位的投资控制有所影响，我们的最终目标是：工程概算不超估算，工程预算不超概算，工程决算不超预算。设计施工总承包项目流程见图2-2。

图2-2　设计施工总承包项目流程

针对以上目标，设计施工总承包项目投资控制的重点：一是总承包投标控制价的合理制定，二是最大程度的减少投资风险，避免建设过程中出现工程规模变更、征地拆迁不足等由建设单位负责增加投资的现象。对此，我们从组织、管理、技术、经济四个方面严格管理，制定详细的工作流程、检查标准和奖惩措施，围绕设计施工总承包项目投资控制的特点，在项目管理

的各个环节有针对地进行了逐层分解,通过各项管理制度加强了项目参与各方在项目全过程投资控制中的共同协作。只有在建设单位、造价咨询、监理、设计、施工、检测等各家单位密切合作的情况下,才能有效实施投资控制措施,实现投资控制目标。

(2)打破常规,优化工程管理组织机构

传统的承发包模式中,建设单位、管理设计单位、施工单位、监理单位、各级政府征地拆迁部门及其他服务单位,管理单位多,协调难度大,层级复杂,指令传达慢而且执行力差。

公路工程设计施工总承包模式中,要打破常规,简化管理层级,合并相关部门。公路工程整体呈带状分布,与其他专业工程相比特点明显,经过的地市区域较广,征地拆迁协调难度大,为了解决这个问题,将征地拆迁管理采取和政府合作的 PPP 模式,由项目沿线政府负责征地拆迁并承担征迁费用,以此入股项目公司,减少集团出资,建立完善的法人治理结构。另外,将项目监理单位与业主工程管理部门合并,合署办公。这样就将征地拆迁、工程管理压力大大减轻,将以往的“管过程”为主转变为“管结果”为主,管理机构层级及人员数量大大缩减,项目管理机构由以前的三五十人调整到现在的十几个人,项目管理费用大大减少,办公效率反而得到极大提高。

对于项目投资控制管理,制定严格的审核审查制度及申报制度。项目公司设置计划处,负责项目招标、投资计划的编制、合同及费用的审核等,对于涉及工程费用支出的项目由计划处拟定审核材料,公司各部门及领导全部都要参与审核,确保资金支出有理有据;另外在施工过程中还要聘请跟踪审计单位对所有合同费用进行审查,确保所有费用支出合规合法。

(3)合理制定招标控制价,保障参建各方利益

对于设计施工总承包项目来说,招标控制价尤其重要,与传统的承发包模式相比,总承包项目所承担的风险更大[15-17],设计施工总承包控制价过大,损害建设单位利益,导致国有资产流失,设计施工总承包控制价偏小,损害总承包单位利益,容易引起劳务队伍群体性事件、现场偷工减料等问题[18]。招标控制价应聘请有资质的专业机构按国家计价规范、招标图纸及清单、政府指导价等规定严格编制,并经政府造价管理机构审批。招标控制价的编制有利于招标单位控制工程造价,防止投标单位串标,恶意哄抬投标价,最大限度地保护招标人的利益[19]。设定招标控制价的同时,也可同时设定投标单位报价下限,以防投标单位恶意竞争,低价中标,高价索赔,最终损害建设单位的利益。在当前的环境下,建设单位为了早日开工,往往将初步设计时间一再压缩,导致初步设计概算与实际差别较大,这就会导致在初步设计概算编制基础上产生的招标控制价制定不合理。

为了制定合理的招标控制限价,就要给予初步设计单位足够的时间,对全线进行详细的地勘以确保各项设计符合现场实际情况,减少因初步设计不足导致的总承包单位变更及索赔,时间是决定设计深度符合要求的必要条件。控制价可以按照现行概算及标底的方法编制,有比较充分的设计及费用划分依据。投标报价应包含建安工程费和施工图设计费、由此引起的设

计、施工协调管理费用，以及招标文件可能规定的其他工作内容的相应费用，应充分考虑依据初步勘测及初步设计进行报价所包含的风险。需要注意的是，概算所包含的内容是发包人投资的全部内容，而项目招标控制价所包含的内容可根据发包人的需要调整，一般会少于概算项目。另外，工程建设其他费等项目构成比较复杂，应在招标文件中对每个项目的结算原则、方法等详细说明，以便投标人合理填报价格。投标人按照自身特点及施工经验对招标文件的要求提出响应，包括具体的工程实施组织方案和报价。对于工程建设其他费，根据招标文件要求一一报价。市场化充分的竞争性费用可根据分包人的实际报价加上一定的管理费用合理填报，不调整的包干项目应充分考虑风险因素。

(4)坚持大标段原则，吸引有实力的特大企业参与建设

交通运输部于 2015 年 12 月发布的《公路工程建设项目招标投标管理办法》第二十条规定：标段的划分应有利于项目组织和施工管理、各专业的衔接与配合，不得利用划分标段规避招标、限制或者排斥潜在投标人。投标人可以实行设计施工总承包招标、施工总承包招标或者分专业招标。其目的是尽可能将一定范围内具有独立施工条件的工程内容，如路基、桥梁、隧道等工程统一划分到一个标段[20]。所谓大标段主要体现在规模和合同金额更“大”。划分大标段的目的在于发挥规模效应，引进大型施工企业和先进管理经验，优化管理界面，提高工程建设管理效率。

设计施工总承包模式采取大标段划分原则有利于把施工专业性要求高的工程，如特大桥梁、隧道、涵洞等工程标段进行整合，吸引大型建筑施工企业。具体而言，大标段模式在组织管理中具有以下优势：

①管理协调优势。高速公路大标段模式下，由于承包商数量减少，建设单位所需管理的合约数量也随之减少，管理幅度降低[21]。大标段项目实施过程中，建设单位与一个总承包商签订合同，相当于这个总承包商负责常规模式下多个标段的工程内容。这样，建设单位的管理协调任务转移给了总承包商，大大减少了管理幅度。有利于保证建设单位集中注意力对项目进行整体管控，完成既定的项目建设任务，同时可以大幅减少管理投入，节省项目管理费用。

②总承包商选择优势。高速公路大标段模式由于各标段内施工工程量大、专业化程度高，提高了总承包商的投标门槛，有利于吸引大型建设企业的加入，集中优秀的项目管理人才，运用先进的项目管理方法[22]。建设单位选择大标段模式最重要的原因之一，就是大标段模式可以帮助建设单位提高招标的准入门槛，尽可能选择有实力的总承包商。能够有效遏制工程建设中挂靠及借用资质投标等突出问题；解决了当前公路建设市场中小包工头队伍小打小闹的散乱局面；避免了大企业做小项目因为利润率低而违规分包的行为；减少了以往可能出现的施工单位实力不足直接退出或因效益不足而大量要求无理索赔、变更现象的发生。

③资源配置优势。大标段模式下，有利于发挥总承包商的规模效应，提升资源配置效率。总承包商对标段内道路、桥梁、隧道工程全面统一地制定资源使用计划，考虑工程总体进度和

各施工界面间的搭接作业，保证各施工项目间的资源平衡；总承包商在本单位或其总公司的统筹下，充分调配全公司范围内的优质资源，从而提升项目建设过程中的施工技术力量以及机械设备先进水平，达到更好的提高效益的目的。

（5）以投资建设为主向投资建设一体化转变，推行入股施工一体化

项目招标期间即明确各潜在投标人采取入股施工一体化模式，在招标完成后与各中标单位联合成立项目公司，由项目公司负责筹资，不足部分再由各股东按股权比例进行融资，保证资金到位，解决融资问题；项目建成后由招标人方按正常银行利率逐步回购对方股权，总承包单位赚的是通过优化设计及施工组织管理取得的施工效益，招标方赚的是资产规模、收益权，以时间换空间，缓解了融资困难，降低了负债率和成本费用，完成了建设任务，实现互动双赢；通过资本运作，盘活存量，提高增量，放大效益，把项目资产注入上市公司，实现资产证券化。

（6）设置总承包风险费，合法规避施工风险

设计施工总承包项目实施过程中可能发生的风险较多，在设计与施工总价包干的情况下，大部分的风险应该由总承包单位承担，建设单位只承担政府指令性重大变更及由建设单位提出的变更，其他因地质变化、地下管线、恶劣天气、设计错误及遗漏、第三方等原因造成的变更，均由总承包单位负责，该项费用的设置可以有效地避免合同纠纷，有利于总体投资控制[23]。在项目实施过程中，承包人在发生总承包风险范围内的费用时，可以申请支付相关费用，但是为防止总承包风险费项目太多，导致最终超出。要在计量到总承包风险费的50%时，即暂停支出风险费。对后期发生的总承包人的风险只计量相关细目，费用暂不支付，在工程交工验收后，将剩余的50%风险费一次性支付给总承包人。这样就可以有效地避免承包人对应该负责的风险费用推脱或者故意延期等不可控制现象。

（7）简化计价办法，创新工程量清单计价原则

单价合同是传统的合同形式，将工程量变化的风险由建设单位承担，承包人负责对应项目单价的风险。然而在设计施工总承包模式下，由于承包人负责部分设计工作，有造成工程量失控的风险，从而可能对招标人不利。固定总价合同下工程量与价格变化的风险大多归于承包人，有利于建设单位确定工程投资总额，减少其投资波动风险，然而承包人风险相对较大[24]。基于建设单位风险及投资控制考虑，采用固定总价合同对建设单位有利。但事实上，合同的任何一方试图通过单方面的条款把大部分风险转移给另一方都是不现实的，在这样的合同安排下，承包商出于逐利的要求，只能采取两种选择，要么是继续转移风险，将风险责任过度地转移给分包商，要么是利用建设单位对工程项目的知识缺陷或管理疏忽实施败德行为，两者最终都将导致建设单位和工程项目受损。因而在招标过程中应合理选取工程价款，不可盲目追求最低款。建设单位在确信承包人给出的总价是可接受的情况下，采用总价形式具有如下优势：

①可以清楚地确定项目的范围；

②在竞争性招投标项目下，固定价格易于评标；

③建设单位无迁就总承包人的成本标准；

④建设单位无弄清总承包人的成本核算根据。

建设单位无直接控制分包人。一个费用项目是采用总价形式还是单价形式，与建设单位、监理工程师的项目管理能力、发包策略和风险防范能力有密切关系。一般来说，采用单价形式有利于建设单位得到具有竞争力的报价，但总价形式有利于"固化"建设期支出，这对于经营性项目的投资决策是十分重要的。

由于《建筑工程工程量清单计价规范》中明确规定："全部使用国有资金投资或国有资金投资为主的工程建设项目，必须采用工程量清单计价"，但没有明确该规范只是适用于施工招标，并且还规定发包人必须按照相关要求。为了能够开展总包项目并尊重《建筑工程工程量清单计价规范》，采用"施工图设计、施工总承包"模式可适当满足其要求。建设单位可利用初步设计的概算工程量清单代之，此时需要初步设计单位在设计中尽可能详细准确。

对于设计施工总承包项目，在总价包干的情况下，为了简化计量办法，我们采取标准设计施工总承包计价方式与传统公路工程施工招标工程量清单结合的方式，设计施工总承包单位以总报价中标进场后依据交通运输主管部门批准的施工图设计文件，按照各分项工程合计总价与合同总价一致的原则，调整工程量清单，清单细目尽量按照形象进度设置，经项目法人审定后作为支付依据；工程实际计量支付按照审核后的形象进度计量细目进行计量支付，大大减少了过程计量审核，简化了工作程序，更有利于达到最终的投资控制目标。工程计价办法见图2-3。

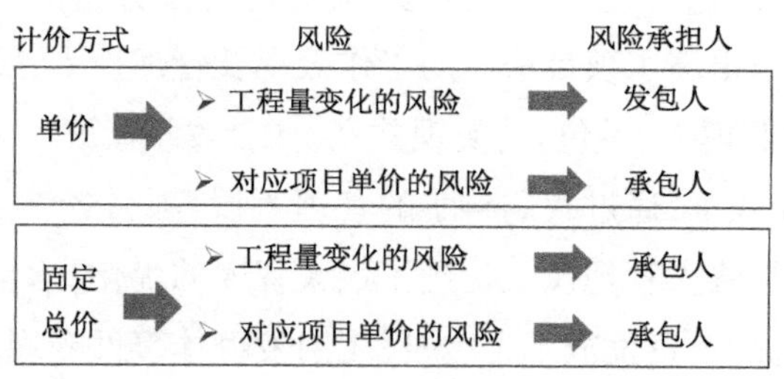

图2-3　工程计价办法

(8)成立项目顾问专家组，对设计优化进行评估，避免过度优化造成后期投资增加

在设计施工总承包模式下，设计方和施工方不再各自为政，可以互相沟通，互相交流，尤其是总承包单位以初步设计招标进场后即可以展开主体工程先期施工段落的设计，并优先报审施工图，有利于加快工程实施，加快工程进度。建设过程中可以在最大程度上优化设计，减少不必要的浪费。但是，在总价包干的基础上，总包单位会出现为节省投资过度优化设计、减少投入的情况出现。对此，项目上成立现场专家组及顾问专家组，专门针对优化设计进行评估，确保设计方案不能降低安全标准。避免了过度优化造成安全标准降低导致出现事故，进而导

致增加投资现象的发生。另外,要充分发挥审查咨询单位的作用,在合同中明确审查咨询单位的责任与义务,除正常的施工图审查以外,对于日常的设计变更及设计优化也要提出充分合理的意见。通过各层级的优化审查,确保了项目不会发生标准降低导致的投资增加。

2.5 设计施工总承包模式实施成效

(1)改变了以往概算超估算,预算超概算,结算超预算的现状,直接经济效益优势明显

从目前实施的两个设计施工总承包项目来看,通过制定科学的经济决策目标,完善相关制度体系,优化组织结构。制定合理的招标控制价等措施,保障了参建各方利益。另外,通过坚持大标段原则,吸引有实力的特大企业参与建设,通过以投资建设为主向投资建设一体化转变,推行入股施工一体化引进了大型施工企业合作建设。通过设置总承包风险费,合法规避施工风险;施工过程中简化计价方法,创新工程量清单计价原则等办法,大大降低了工作量,管理机构简化,管理费用大幅降低。截至目前,济南绕城高速公路济南连接线取得直接经济效益1.5亿元。京沪高速公路济南连接线取得直接经济效益3.08亿元。

(2)在集团内部形成了大型基础设施项目的新型管理模式,并持续改进

山东高速集团在山东公路系统开创了设计施工总承包首个案例,投资控制效果明显,为山东省交通系统及山东高速集团有限公司内部在设计施工总承包模式管理方面及投资控制方面积累了大量的经验,对后续设计施工总承包项目投资控制有极强的借鉴意义,尤其是大标段模式、入股施工一体化模式、优化的组织管理机构及以形象进度计量的计价模式等创新思路在后续的项目中全面推广,大幅提高了项目法人的工作效率及管理投入,效果明显。

(3)从项目发包人到监理人、承包人,实现共赢,社会效益显著

在设计施工总承包模式下,通过我们科学的管理手段,项目各参建方均能够达到共赢,建设资金可以及时到位,项目法人管理模式达到了最大程度的优化;承包人通过加强管理及优化设计摆脱了项目亏损引起的工资发放不了、农民工引发群体事件等现象;监理工程师在管理上减少了管理层级及协调难度。项目建设在最大程度上实现了各方共赢互利,社会效益显著。

第3章 投资施工一体化管理

3.1 投资施工一体化模式背景

济南东南二环项目是山东高速集团首个“入股施工一体化”融资模式建设的项目，所谓“入股施工一体化”，是指在合理合规的前提下，引入资质高、信誉好、实力强的施工单位出资入股相关项目，同时承建相关工程，将投建单位与施工单位牢牢地绑定在一起，对工程质量和项目进度都能够形成有效的保障。同时，该项目也是山东省交通系统首个采用设计施工总承包模式进行招标的工程，这种模式将设计、施工紧密的结合，既能通过优化设计节约工程造价、减少安全风险，又可压茬进行设计、施工、采购等工作，合理缩短建设工期。

我国目前面临着地方政府债务规模增长过快的压力，在稳增长及规范地方政府债务管理的大背景下，大力发展PPP模式有利于吸引社会资本。PPP模式主要应用于公共基础设施项目，特别是投资额大、建设及投资回收期长的大型项目，由项目参与的各方共同承担责任和融资风险。运用PPP模式双方共出本金，一方面可以解决政府资金不足问题，一方面因政府参与，企业或私人可以最大限度地规避政策风险，达到双方利益最大化的目的。在PPP投融资模式中，企业或个人从项目立项阶段就参与策划，可以把行业先进的管理经验引进来，降低投资，同时在与政府反复谈判过程中，把今后可能遇到的风险提出来，双方合理承担责任。政府通过给予项目公司特许经营权来换取高速公路的建设，从而促进地方经济的快速发展。

从2014年下半年起，PPP模式在全国兴起，各类项目遍地开发。以山东省为例，截至11月底，该省纳入省级PPP项目库的项目已达738个，概算总投资7 000亿元，目前已成功签约133个项目，已通过评价论证的项目204个，有92个项目已开工建设。项目涉及市政工程、交通、水务、农业、环保、医疗、卫生、养老、教育、科技、文化、保障性住房等众多领域，基本涵盖了经济社会发展的关键领域和薄弱环节。2015年以来山东省陆续出台多项措施，全力推行PPP模式，省财政安排1亿元奖补资金，集中用于PPP项目规划、评审等补助，对PPP项目实行“扶上马、送一程”的引导政策，同时设立1 200亿元的PPP发展基金支持项目落地。

根据山东省政府下达的任务指标，集团在2014年至2016年共有12条高速公路项目待建，需投资1 021.2亿元。其中，2014年计划开工建设2条高速公路项目，建设里程约77.35km，需要资金约53.48亿元，2015年计划开工建设7条高速公路项目，建设里程约684.24km，需要资金约587.85亿元，2016年计划开工建设3条高速公路项目，建设里程约

327.2km,需要资金约289.87亿元;按照每个建设期3年、资本金比例25%、均衡投入计算,2014年至2018年需要筹措资本金分别约4.45亿元、53.35亿元、77.45亿元、73亿元、24.1亿元,合计约255.3亿元。鉴于项目资本金若全部采用自有资金投入,集团资金压力较大,需要从多渠道寻求外部融资途径,在不增加集团负债水平的前提下,通过外围资金带动项目实施,争取尽快完成省政府给予集团的建设任务。纵观山东省高速公路融资模式,大都是BT融资、土地置换项目融资、直接融资、债权融资、保险资金等,这些传统融资模式已不能满足新形势下的高速公路融资建设需要。

针对当前新形势,我们的工作思路是:积极主动地探索推进PPP模式,集团代表省政府出资,吸收社会资本参与项目建设,利用投资施工一体化模式激发投资活力,增加融资渠道。

3.2 投资施工一体化项目管理研究

投资施工一体化项目管理研究标的是济南东南二环项目,济南东南二环项目作为高速公路连接线,采用一级公路标准,兼顾城市快速路功能。桥涵设计荷载等级为公路-Ⅰ级,采用城-A级校核,桥涵及路基设计洪水频率1/100,地震基本烈度为6度。其余技术指标按《公路工程技术标准》(JTG B01—2014)执行。项目批复总概算723 629.64万元,计划工期36个月。

3.2.1 项目建设资金的筹集

济南东南二环项目建设资金总额由自有资金(资本金)和借入资金(银行借款)组成。项目公司成立后,以合作单位联合出资的30亿元(约占项目批复总概算72.3亿元的41.4%)作为项目资本金投入,剩余的42.3亿元采用银行贷款。项目建设期3年,后续银行贷款的投入将视工程进度按照每年30%、40%、30%的比例投入。

3.2.2 项目建设资金的监管

为促进济南东南二环项目的顺利实施,确保工程资金专款专用,同时为发包人和承包人提供便捷的资金服务,根据济南东南二环项目合同条款有关规定,经甲方(发包人)、乙方(承包人)、丙方(经办银行)三方协商,签署工程资金监管协议。

3.2.3 项目投资施工一体化模式量化分析

济南东南二环项目批复总概算72.3亿元,2015—2018年需要筹措资本金18.1亿元(总概算25%),为方便比较,假定建设投资按年一次性支出,因项目建设中存在许多不确定的风险,项目完工后不超概算已实属不易,所以在计算中采用概算建安费作为分析基础,建安费用按总概算的68%计取,建设期费用按每年30%∶40%∶30%的比例投入。目前,济南东南二环项目已进入实施阶段,招标文件中约定合作方提供30亿元可支配资金,供集团统筹使用,其余部分采用银行贷款。表3-1为利用自有资金投入与投资施工一体化进行融资的资金支付情况静态与动态对比(融资利率按照银行同期5年期以上基准利率5.4%计算投资回报)。

济南东南二环项目总投资费用静态与动态比较(单位:亿元)　　表3-1

时间		建设期			回购期			合计
		第1年	第2年	第3年	第1年	第2年	第3年	
投入比例		30%	40%	30%	1/3	1/3	1/3	100%
方案一自有资金	资本金投入(集团)	5.4	7.3	5.4				18.1
	建安费用投入	14.8	19.6	14.8				49.2
	其他费用投入	6.9	9.3	6.9				23.1
	建设资金支出	21.7	28.9	21.7				72.3
方案二投资施工一体化	资本金投入(集团)	0	0	0				0
	资本金投入(合作单位)	9	12	9				30
	建安费用投入	14.8	19.6	14.8				49.2
	其他费用投入	6.9	9.3	6.9				23.1
	建设资金支出	21.7	28.9	21.7				72.3
	合作单位资本金回购及融资费用支出				12.34	12.34	12.34	37.02
集团节省资本金投入		9	12	9				
资本金节省后基金和银行的收益按10%计,在建设期末带来的资金增值		9.90	24.09	36.40				
集团回购期支付给合作单位的资本金及其回报					12.34	12.34	12.34	本金占比和利息每年各为10和2.34
回购期资金折现至建设期末,折现率按收益率10%计取				30.68				

从表3-1方案一中可以看出,集团在建设期三年内需支出资本金18.1亿元;方案二中,合作单位投入资本金30亿元,集团在建设期三年不仅不需要资本金而且还可以减少贷款额度,延迟银行利息支付量,但三年回购期内需支付合作单位资本金及融资利息共37.02亿元(其中,资本金30亿元,支付融资利息合计7.02亿元)。从资金静态层面而言,6年内增加支付融资利息7.02亿元,投资增加约9.7%,需要从资金的时间成本、占用成本、机会成本等方面加以动态比较;考虑从集团资金使用效率和资金成本方面衡量,将节省的30亿元资本金投资运用于基金和银行等高收益产品中(收益率10%左右),扣除额外增加的7.02亿元融资利息后,在6年内可实现盈余5.72亿元。由此可见,该种模式以时间换空间,缓解了集团资金压力,降低了资产负债率,提高资金周转率,有助于项目尽快实施,分解工程施工管理压力。

3.2.4 项目投资施工一体化模式量化收益

2015—2016 年计划开工的其他项目依次按照此种方式进行融资，合作单位资本金投入按批复概算的 41.5% 计算(参考济南东南二环项目合作单位资金)，建安费用按总概算的 68% 计取，建设期费用按每年 30% ∶40% ∶30% 的比例投入。项目建成运营后，集团通过通行收费归还部分建设资金贷款利息，同时再用特许经营权质押贷款，贷新还旧，延长贷款期限。详见表 3-2。

2015—2022 年集团资金节约对比表(单位：亿元)　　表 3-2

序号	项 目 名 称	资本金节约（合作单位投入）	投资施工一体化资本金节省后基金和银行的收益按 10% 计，在建设期末带来的资金增值	投资施工一体化回购期资金折现至建设期末，折现率按收益率 10% 计取	投资施工一体化资金盈余
1	济南东南二环项目	30	36.4	30.68	5.72
2	济青改扩建项目	124.67	151.26	127.53	23.73
3	青兰高速泰安至东阿界(含黄河大桥)段	41.26	50.05	42.2	7.85
4	潍坊至日照联络线潍城至日照段	47.76	57.95	48.85	9.1
5	龙口至青岛公路龙口至莱西段	19.88	24.12	20.33	3.79
6	长深高速高青至广饶段	17.72	21.5	18.13	3.37
7	德上高速巨野至单县(鲁皖界)段	45.11	54.73	46.15	8.58
8	枣庄至鱼台、鱼台至菏泽高速公路	75.19	91.22	76.91	14.31
合计		401.59	487.23	410.78	76.45

2015—2016 年集团待开工高速公路项目总投资约 967.72 亿元，通过对各项目总投资费用静态与动态比较的实证分析可以看出，“一路一公司”的投资施工一体化融资模式可以有效解决资本金压力。集团在建设期内不仅不需要资本金而且还可以减少贷款额度，延迟银行利息支付量，以时间换空间，合理实行垫资建设。从资金静态层面而言，集团投资成本增加约 9.6%；然而，从资金的时间成本、占用成本、机会成本等方面考虑，集团将节省的 401.59 亿元资本金投资运用于基金和银行等高收益产品中(收益率 10% 左右)，扣除额外增加的 92.72 亿元融资利息后，在 6 年内可实现盈余 76.45 亿元。

3.2.5 项目管理公司工作新思路

工程建设中，实施标准化管理、确保工程质量和效率是建设精品工程的关键。大力推行标准化建设，一是要推行安全管理标准化，要在现有基础上创新安全管理，要求施工单位提交总体施工组织设计时必须同时提交安全生产方案和保证措施，提交单项工程开工报告时必须同时提交安全生产专项方案和安全预案，以体现业主单位对安全生产的重视。二是要推行附属设施建设标准化，突出实用功能，节约投资，提高效率。三是要推进项目管理流程标准化，总结项目管理经验，提炼最有效的项目管理流程，并加以完善和升华，形成优质高效的标准化管理流程。

有效控制建设成本也是建设精品工程的关键。一是控制建设成本要从勘察设计阶段抓起，深入介入项目工可中的方案论证、初步设计、施工图设计各个阶段，把管理理念体现在项目前期工作中，把各种不利因素考虑充分，把投资估算和工程概算做细做足。要加大对项目地质勘察的审查力度，最大限度地减少因地质勘察原因引起的工程变更，杜绝设计与现场严重不符现象的发生。二是要加强招投标的管理，严格招投标管理程序，要针对不同项目的特点、难点和重点编制招标文件，把招标文件编制的重点放在履约能力和标价控制上。三是要加强合同管理，从严控制工程变更，慎重处理工程索赔，无特殊情况要力保工程概算不突破。四是要实现项目管理信息化，优化和推广工程管理信息系统，确保基础数据真实可靠，避免数据失真和重复劳动，提高管理水平和管理效率。

针对当前集团公司建设项目多，管理人员少的问题，要想顺利完成这些项目的建设管理任务，管理公司必须对内部管理体制进行优化，激发全体员工的工作激情和活力。一是要按照“机构精干、责任明确、运转高效”的原则，改革公司机关和项目现场管理体制，要对公司业务部门的职责划分进行优化，均衡各个部室的工作量和责任划分。二是要深化考核分配体制改革，进一步优化《薪酬管理办法》，更好地体现多劳多得的理念，按需设岗、按岗选人、按岗定薪、同岗同薪，更好地体现科学公平的理念。三是加强员工业务学习培训，有目标、有计划、有选择地培养一批精通业务的人才，深入开展科研创新活动，加强实用型人才的培养锻炼，提高公司整体管理水平和效率。

3.3　投资施工一体化小结

投资设计施工一体化是一种较为先进的融资模式，但在实施过程中还存在着政治经济环境、法律政策、施工管理等风险。

(1)“一体化模式”并不普及，难获地方政策的支持

投资设计施工一体化模式在全国范围内应用较少，与传统融资模式相比，地方法律法规的不健全，让企业面临着政治风险。而且，一体化融资模式的纳税方式与地方税收制度产生冲突，发包方代扣税收很可能造成重复纳税。

(2)项目概算控制难度高，企业存在承担亏损的风险

一方面，投资施工一体化模式是在初步设计评审后进行招标，企业为了加快施工进度，会在地质和水文条件不详细的情况下展开施工图设计，实际施工中会产生各种大小的变更，这样，“控制造价不突破概算”就全部转移到设计施工总承包方，势必造成被动局面；另一方面，概算缺项、材料和人工价格波动也增加了成本风险。

(3)项目建设过程总承包联合体各方的分工和利益点不同，共担连带责任

投资设计施工一体化模式中各参建单位平行分工运作,无法互相管理,项目实施过程中各自利益出发点不同,导致项目建设中各项决策产生分歧,一旦出现问题,责任共担,风险无形扩大。

投资设计施工一体化是一个全过程、全方位的管理工作,应贯穿于建设工程的始末。每一环节对投资的影响都是举足轻重的,都应给予足够的重视。在可行性研究阶段:尽量选择建设周期短的建设方案,降低建设成本变化和市场变化的风险。工程设计阶段:初步设计中,用价值工程优化设计,坚决推行限额设计;施工图设计中,一般情况不允许改变高速公路走向和重大结构物数量,施工详图设计中要严格控制预算,进行限额设计,加强施工图管理。施工阶段:编制合理的资金使用计划,审核施工组织设计,严格控制工程变更。竣工结算阶段:对工程量计算的准确性进行审核。总而言之,"一体化模式"的投资控制应在项目实施的各个阶段相互监督、严格把控。

由此可见,投资施工一体化融资模式,即公司与中标人以股权信托的形式成立合资公司,以项目合资公司作为融资主体,公司不出资本金,只负责银行贷款担保,实现表外融资,在不增加公司负债水平的前提下,通过外围资金带动项目实施;同时,该项目由济南市政府负责征地拆迁工作,征迁费由政府包干统筹使用,并在贷款贴息方面给予支持,这不仅减少了资金投入,还大大减轻了公司征迁工作压力,便于集中精力做好资金筹集、施工管理等工作,按期完成省政府给予集团的建设任务。从理论上看,该融资模式能以时间换空间,合理实行垫资建设,总体上合法、可行、高效。

高速公路的修建对改善沿线区域内的交通条件和路网结构, 扩大商业贸易活动和企业生产的发展空间,促进沿线区域的繁荣和发展,完善空间格局演化和区域经济发展具有决定性作用。高速公路"成网"以后更是对经济产业结构调整及合理布局、区域资源开发、地区间经济合作以及和谐发展具有重要意义。通过对集团投资施工一体化融资模式实证分析,结合对济南东南二环项目的具体融资操作办法的研究,得出以下结论。

①投资施工一体化融资模式在不增加公司负债水平的前提下,通过外围资金带动项目实施,能以时间换空间,合理实行垫资建设,总体上合法、可行、高效。集团所有公路项目若全部采用投资施工一体化融资模式建设,扣除融资利息后,在6年内可实现盈余76.45亿元。

②面对高速公路融资困境,政府和交通主管部门应充分调动社会各界投资高速公路的积极性,建立稳定的多元化融资渠道以解决高速公路融资难题:调整直接融资、债券融资等债务型融资结构,规避金融风险,提高融资主体的融资能力和收益能力;发展股权融资,政府和交通主管部门应积极引导高速公路公司上市,利用股市资金完成高速公路项目投融资。

③集团在公路建设中应积极争取相关部门给予政策支持:省国土资源厅统筹支持道路建设用地;省物价局等部门提前研究相关项目建成后运营收费问题;省财政厅在贷款利息方面给予财政贴息;省国资委年度绩效考核应协同考虑高速公路投资期长、建设慢等因素。

第4章　隧道群建设安全管理创新研究

4.1　建设安全管理研究背景

21世纪是地下空间资源开发和利用的世纪，隧道作为地下空间利用的基本形式，在铁路、公路、城市地铁等交通路网中发挥着重要的作用[25]。近年来我国经济建设提出可持续发展的要求，隧道及地下工程因具有节约能源和保护环境的优势，成为交通建设领域的先锋[26]。截至2014年底，我国公路隧道总里程达到10756.7km，是2002年的15.2倍，以平均每年800km左右的速度增长。目前，我国已是世界上隧道工程建设规模最大、数量最多、修建速度最快的国家[27]。

随着我国高速公路建设中隧道工程数量不断增多，地质条件越加复杂，建设任务更加艰巨，工程管理难度明显增大，质量安全管理工作面临严峻挑战。隧道工程施工环境封闭，隐蔽工程较多，工程质量安全隐患易发难控[28]。部分地区和项目隧道工程地质勘察不详、设计深度不足；建设管理制度不健全、措施不落实、管理不到位；现场施工组织不力、设备简陋、工艺落后，野蛮施工、偷工减料等现象屡禁不止；施工管理和现场监理缺位，隐蔽工程质量管控薄弱，工程实体质量和结构耐久性受到直接影响。

济南绕城高速公路济南连接线、京沪高速公路济南连接线项目在济南市南部地区形成东向新出口、中部地区形成南向新出口，是济南市规划"三横六纵"快速路网的重要组成部分和主城区主要的通道。"济南绕城高速公路济南连接线"工程设老虎山、大岭、小岭3座隧道；"京沪高速公路济南连接线"工程设浆水泉、龙鼎、港沟3座隧道，隧道暗挖段采用双洞分离的复合式衬砌结构，单洞隧道限界宽度为16.75m，设置四车道，均属于超大断面公路隧道。项目工程设有6座隧道，总计长约10km，地处济南市东南山岭重丘片区，形成地形、地质条件复杂的隧道群。四车道公路隧道较以往的公路隧道跨度更大、扁平率更低，施工难度更大，安全风险更高，对施工安全管理提出了更高的要求。所以，做好特大断面隧道施工中的安全管理，提前预见事故和险情显得尤为重要。

项目公司依托济南东南出口项目工程于2016年初提出超大断面隧道施工安全管理创新研究，旨在提出一套具有国内先进水平的隧道施工安全智能管控体系，确保工程质量和施工安全。项目公司课题实施之前缺少超大断面隧道施工安全管理经验，对隧道工程的管理未形成体系，隧道施工安全管理存在一定弊端，通过课题研究，形成了隧道施工项目部领导带班制度、轮值安全员管理制度、全面推行信息化、智能化,强化预警机制、超大断面公路隧道群建设全过程安全管理系统等相关管理措施,项目隧道工程自开工至今未发生重大安全事故,隧道施工安全有序进行,课题研究取得良好成效。

4.2 建设安全管理研究内容

4.2.1 安全管理制度

超大断面隧道施工安全管理的内涵是贯彻“安全第一,预防为主,综合治理”的方针,构建“标本兼治,重在治本”的长效管理机制。

为顺应安全生产的法律、法规及集团的相关要求,健全隧道安全管理体系,完善安全管理制度,项目公司增补制定了《分项工程开工安全工程师签认制度》《重大事故隐患清单管理制度》《隧道工程质量安全动态管理实施办法》《隧道施工项目部领导带班制度》等创新型管理制度,贯彻落实了安全生产责任制。

建立轮值安全员管理制度,隧道施工单位必须配备专职安全员,专职负责安全施工监管工作,做好施工情况记录,隧道洞口设置值班室,安装监控设备,严格入洞人员登记制度。

构建超前地质预报与监控量测成果动态管理体系,对施工过程中产生的超前地质预报与监控量测成果及时进行统筹分析,保证成果的实效性与准确性,极大提高了隧道施工过程的安全性。搭建超大断面公路隧道群建设全过程安全管理系统,充分融合大数据、云端共享传输技术,建立模块化、可视化的软件管理系统,融入数理评估和数据挖掘科学方法,对隧道全生命周期进行健康监测和安全管理,及时规避施工过程中可能遇到的风险,节省更多的人力物力,避免重大安全事故的发生,创建现代化、数字化隧道施工安全管理的新时代。各种措施保障了超大断面隧道施工安全管理获得明显成效。

(1)狠抓教育培训,强化安全生产意识

2016年项目公司组织了“山东省生产经营单位安全生产主体责任规定”“隧道施工安全九条规定”“《最高人民法院、最高人民检察院关于办理危害生产安全刑事案件适用法律若干问题的解释》”“隧道塌方预防及治理”“高速公路施工标准化技术指南(隧道工程)”“党和国家领导人安全生产重要讲话和指示批示摘编”等多次专题安全教育培训。此外还不定期开展专题安全讲座,提高了全体项目参建人员的安全意识,见图4-1。

(2)强化安全检查,排查安全隐患

按照项目公司安全管理实施细则规定,在隧道施工项目部领导带班制度下每月定期组织安全检查。在检查过后,及时将检查问题以文件形式下发督促各总承包项目部完成整改,并在规定时间内进行整改复查工作。同时还按管理制度规定对安全检查外业存在的问题实施

图 4-1　组织开展隧道施工安全专项讲座

定量处罚,对警示各总承包项目部安全管理工作和有效掌控一线安全态势起到非常重要的作用。

建立轮值安全员管理制度,提出"管生产必须管安全"的原则,强调"安全与生产必须要统一"。安全管理大多是属于动态管理,再加上安全力量有限,不可能在极短的时间内,关注到某个角落及方方面面。如果光靠安全员的力量来解决,则是远远不够的,不可能达到最佳的安全管理效果。所以项目公司力求创建安全生产上下一条心,管理人员共同制止、共同督促的安全生产良好氛围,将"安全生产,齐抓共管"的工作理念落实到实处。根据轮值安全员管理制度的要求,施工单位安质部每晚根据施工进度编制当日轮值安全员安全检查项目,并在安全微信群中进行公示。当班的轮值安全员每天需开展班前安全讲话。每日上午、下午均要根据排查表中的检查项目对项目及协作队伍驻地、施工现场区域进行安全检查,对检查结果(无论是否存在隐患)均拍照上传至安全微信群中。在轮值检查过程中如发现存在安全隐患,应立即发送至安全微信群内,相关责任人负责落实整改并将整改后的影像资料上传安全微信群进行闭合。轮值安全员当班轮值结束后需在当晚将当天的安全隐患排查情况、存在的问题及注意事项等内容与下一班轮值人员做好交接并填写《轮值安全员轮值交接记录》,安质部根据轮值安全员工作内容及隐患排查治理情况填写意见并在项目安全微信群里进行公示。如遇危险性较大的分部分项工程及工序开展时,轮值安全员应履行专职安全员职责,对现场施工安全进行旁站监督,见图 4-2。

(3)全面推行信息化、智能化,强化预警机制

依据相关规定,严格落实超前地质预报与监控量测制度,监控量测单位每周必须上报监控量测周报,做到数据及时有效,为安全施工提供必要的依据。

一是对地表沉降、拱顶下沉、洞身收敛进行位移等级管理,达到预警值后及时采取措施,保证施工安全。主要取 9 项管理措施:

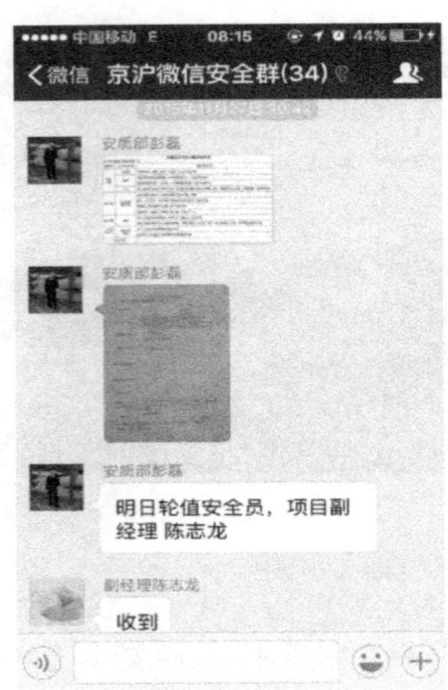

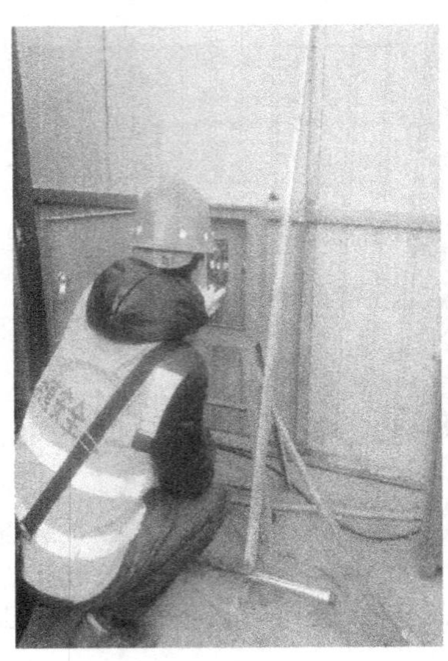

图 4-2 轮值安全员管理制度

①隧道监控量测应建立在光面爆破满足验标要求和初期支护按设计方案施做到位的前提下进行。

②监控量测工作应坚持“真实、精度、定人、及时、分析、报告”的指导思想。

③各工区必须将监控量测纳入施工工序,配备监控量测专业人员,指定负责人。制定详细的监控量测方案,并根据地质情况及时进行调整。

④施工前必须根据隧道规模、地形、地质条件、支护类型和参数、施工方案、施工方法等进行监控量测设计。设计内容包括:量测项目、量测仪器、测点布置、量测频率、数据处理及量测人员组织。监控量测设计工作由项目部技术主管负责。

⑤量测人员严格按照设计要求布点和量测,根据现场实际情况确定量测项目。

⑥量测人员应根据变化速度和量测断面距掌子面的距离及时调整监控量测频率。

⑦量测人员对量测数据要及时进行整理、绘图、分析、报告。及时调整支护参数。建立最大日变形量和累计变形量的风险预警机制。

⑧量测数据分析结果每日需经技术负责人审核签认。对Ⅳ级及以上围岩的变形情况每日还需经现场监理工程师签认。技术负责人根据分析判断围岩变形情况,并作为重要依据提交设计单位进行围岩变更,调整支护参数。

⑨量测人员发现量测数据有突变或异变时,必须立即向技术负责人汇报,并立即安排施工人员撤离危险地点,采取应急措施确保安全,见图 4-3。

二是利用 TSP203 系统、地质雷达、瞬变电磁、TRT 等先进设备仪器,对隧道掌子面前方地质情况进行超前预报,及时发现不良地质地段所处位置,同时辅以激发极化等方法,探测前方是否有突涌水的可能,提前采取应对措施。采取以下 6 条管理办法:

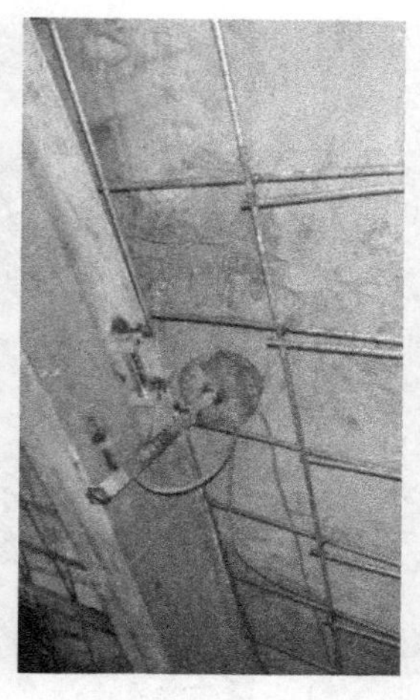

图4-3　监控量测工作

①超前地质预报工作必须纳入现场施工组织统一管理，并应编制超前地质预报的安全保障措施。

②架子队隧道工程师要对掌子面围岩进行详细的描述和记录，并做出掌子面地质素描图，对围岩进行准确判断。

③对特殊地质和不良地质地段，要求采用TSP、红外探水、地质雷达、地质素描等方法，进行综合地质预报，同时采用超前水平钻探方法（必要时加深炮眼）进行准确预报围岩的工程地质和水文地质条件。

④地质描述与超前预报成果采取日常检验批验收与专题报告相结合的资料收集模式进行管理。地质工程师每天采集地质素描，进行分析和汇总，并向技术负责人汇报；每周进行汇总，提报监理单位核备。

⑤对地质条件与设计变化较大、可能产生地质灾害或影响隧道施工安全的地段（断层、岩溶富水地段，煤层瓦斯段等）所做的地质超前预报，及时将专题预报成果提交项目部、公司、勘察设计及监理单位，以便及时进行动态设计；情况紧急时，要及时采取防范措施，确保施工安全。

⑥超前地质预报人员必须经过隧道施工安全教育培训，并掌握安全操作技术，见图4-4。

（4）构建超大断面公路隧道群建设全过程安全管理系统

结合大数据与云计算技术，建立超大断面公路隧道群建设全过程数据库，融入隧道勘察、设计、施工全方位数据，实现施工过程安全管理可追溯，随着隧道的掘进，动态获取施工过程中安全管理的薄弱点，实现隧道施工安全管理精细化、智能化、规范化。基于信息远程共享和传输技术，建立一套集视频监控、施工信息智能反馈、围岩分级、风险动态评估模块于一体的施工精细化管理模式。

图 4-4　超前地质预报工作

视频监控系统从架构理论上划分为三级，一级平台为核心层主要负责整个系统的管理、信令调度、日志、数据备份等管理；二级平台（分控中心）为汇聚层主要处理前端视频的流转发、数据备份等管理；基础层为设备接入层，主要负责图像的采集传输。通过三个等级的设计，实现了在项目公司对整个隧道群建设过程中的实施监控与管理，并对历史影像进行存储，实现对安全事故发生原因的倒查，并实现了对实时影像资料的处理，初步实现了隧道掌子面施工停工预警、爆破作业人员是否进入作业安全距离范围内等施工安全预警功能，辅助视频监控人员对隧道施工进行安全管理，见图 4-5。

所有隧道均按照人员进出隧道定位管理系统，实现人员车辆进出管理、洞内人员定位、LED 大屏显示、烟尘报警、有害气体检测、一氧化碳检测、班前讲话等功能，监理处、项目公司均有接口，能够实时显示现场情况，加强对隐蔽工程的管理，提高了隧道施工安全度，见图 4-6。

（5）依次开展静、动态风险评估，及时规避安全风险

在隧道施工中，结合设计图纸、规范标准的阈值，系统对监控量测数据、超前地质预报以及

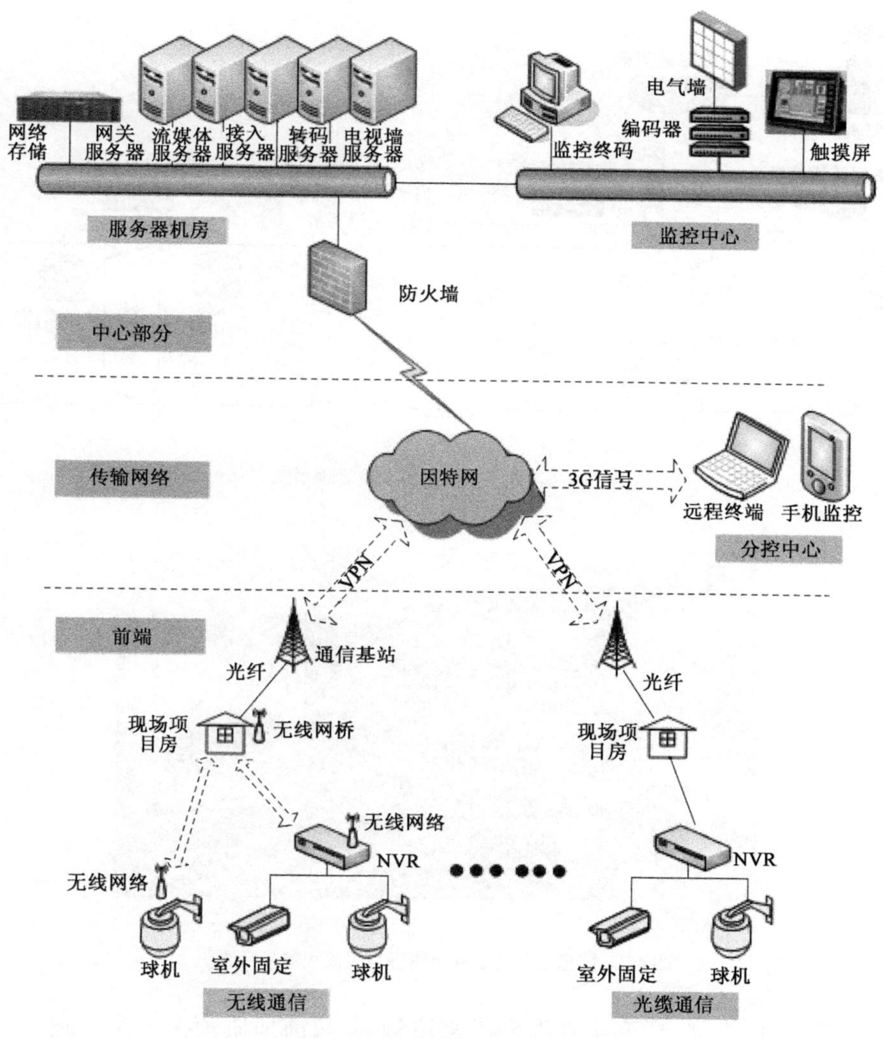

图4-5 隧道施工现场视频监控系统网络结构图

实时视频监控等相关数据进行智能性判断。同时基于数理方法，对隧道施工全过程的风险源进行静态评估和动态评估，对隧道施工过程中可能遇到的风险进行管控和及时规避，实现更加高效的隧道安全施工和管理(图4-7)。采取的主要措施有：

①成立隧道风险评估小组，开展施工全过程动态追踪与安全风险评价工作，对全线隧道风险段落进行划分，根据施工中的动态信息进行风险修正，实时发布风险级别和危险区域预警。

②对现场监控量测和超前地质预报数据的二次科学审查与运用，结合围岩揭露状态信息，开展重大地质灾害风险源辨识与评估，动态预测隧道大体积塌方、突水突泥、掉块塌方等地质灾害。

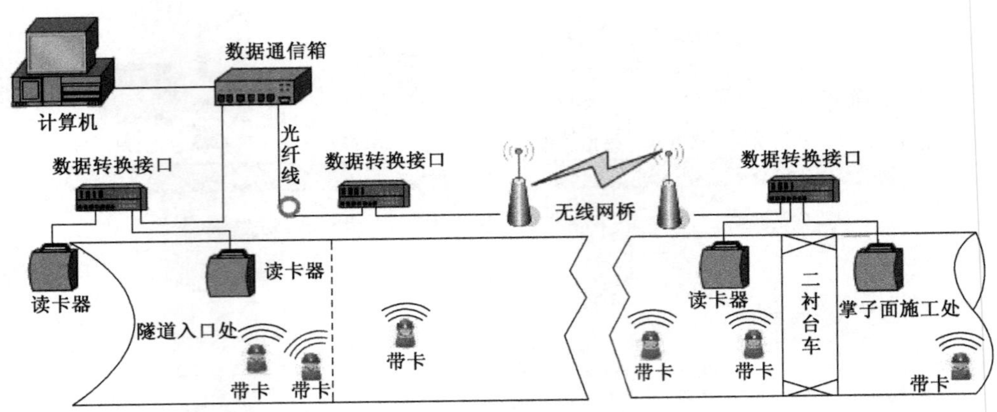

图 4-6　施工人员进出定位管理系统

图 4-7　隧道工程建设安全管理与风险决策平台系统

③建立施工许可机制，规范化管理全线监控量测、超前地质预报工作与施工工序转化机制，通过对监测、预报及施工方案的评价和审查，提出整改意见及合理化措施，有效规避掌子面前方可能发生的地质灾害等。

④通过风险评估小组，协助建设、监理单位有效管理施工单位日常报表等，科学审查施工方案等，规避重大地质灾害发生。

4.2.2　安全施工视频监控系统

济南绕城高速济南连接线隧道工程为全线控制性工程，隧道施工受不可预见因素制约，施工风险大，设计使用基于 IP 寻址的多媒体通信技术发展势头强劲，监控设备的数字化、网络化发展已经普遍展开，网络数字监控系统的建设已成为发展趋势，电视监控系统将顺应这一历史潮流，采用全数字网络化的电视监控系统解决方案。采用的全数字网络监控系统是一套灵活的、便于使用的分布式网络视频监控系统。

4.2.2.1 系统组成

隧道施工视频监控系统主要由人员进出考勤、定位管理系统、人员/车辆门禁通道系统、LED 显示系统、有害气体监测系统、视频监控系统以及通信系统、监控中心组成,见表 4-1。

表 4-1

子系统	功能模块	备注
人员进出考勤、定位管理系统	➢考勤管理 ➢定位管理 ➢系统远程管理	—
人员/车辆门禁通道系统	➢人员门禁道闸管理 ➢汽车门禁道闸管理	—
LED 显示系统	➢ LED 大屏现场显示	—
有害气体监测系统	➢瓦斯气体监测	可选模块
视频监控系统	➢隧道口视频监控 ➢掌子面视频监控 ➢施工现场视频监控 ➢重要施工部位视频监控 ➢远程视频终端服务	—
通信系统	◇光纤传输部分 ◇无线传输部分 ◇其他线缆传输部分 ◇卫星通信	互联网 3G/2G 微波通信 卫星数据传输
监控中心	◇项目部监控平台 ◇项目部监控显示屏	—

4.2.2.2 系统应用总体平台架构

济南绕城高速济南连接线隧道施工视频监控系统应用平台架构见图 4-8。

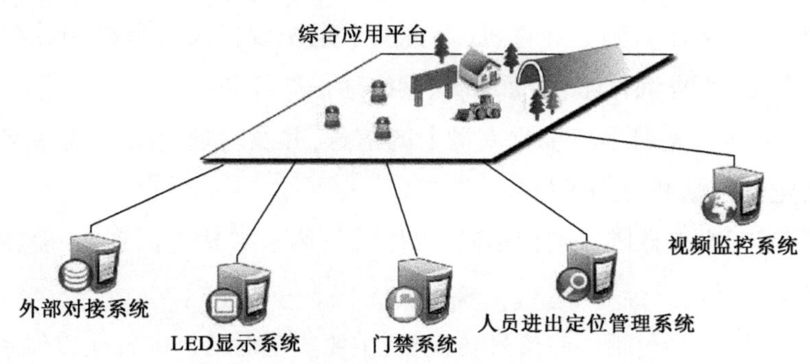

图 4-8 隧道施工视频监控系统应用平台架构示意图

①以本地系统为基础,实现各功能模块数据通信;

②可以拥有远程中心,可实时查询当前隧道的相关安全信息;

③采用包括前端工点监控、中间通信层、后台调度监控的三层体系架构;

④前端工点监控(人员进出定位管理系统、视频监控、人员/车辆门禁管理)以及后台调度(远程中心机房、服务器以及部分外部对接平台)采用 B/S 应用架构。

4.2.2.3　系统网络结构拓扑

济南绕城高速济南连接线隧道施工视频监控系统网络结构拓扑结构,见图 4-9。

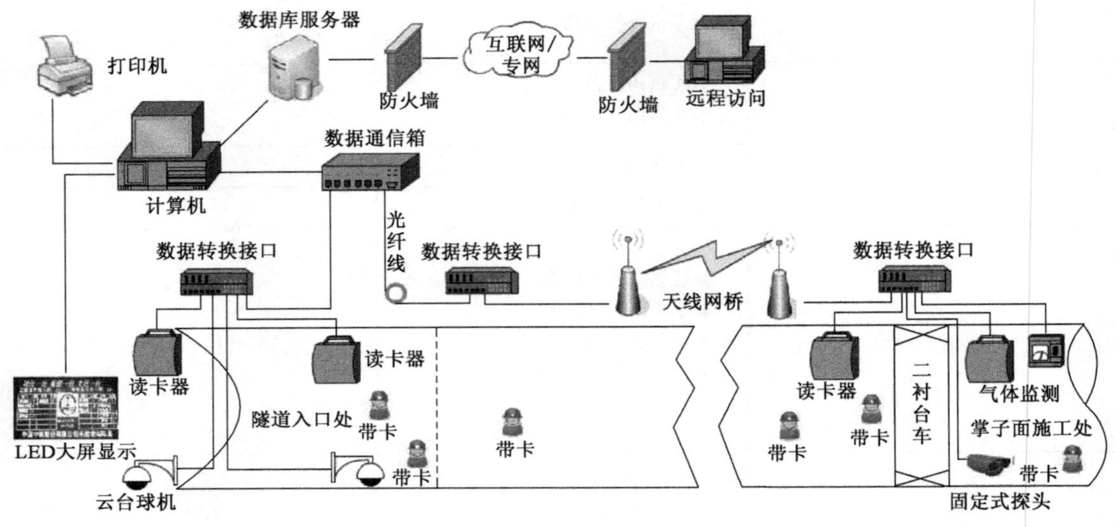

图 4-9　隧道施工视频监控系统网络结构拓扑结构示意图

4.2.2.4　人员进出定位管理系统

人员进出定位管理系统可分为人员进出考勤管理、人员定位信息管理。主要由监控主机、读卡基站、人员识别卡、传输数据接口转换器等组成。济南绕城高速济南连接线隧道施工人员进出定位管理系统,见图 4-10。

监控主机(现场服务器):独立计算机,负责整个系统设备及人员检测数据的管理、通信、统计存储以及屏幕显示、查询打印、画面编辑、网络通信等任务。

读卡基站(读卡器):实时采集接收人员卡的信息,并及时通过通信线路实时反馈到系统当中。可以分为定位基站和识别基站。

人员识别卡:编程有全球唯一的识别码,仅提供给读卡基站去识别,一般在安全帽上安装或是身上佩戴,健康认证,安全可靠。

传输数据接口转换器:包括一些信号转换器,主要实现对信号的转换以便系统更好地接收处理数据。

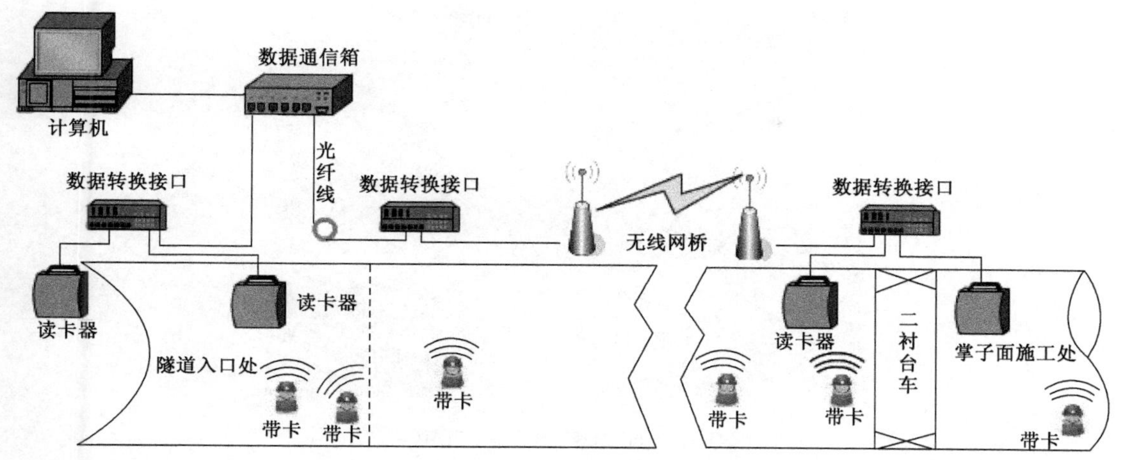

图4-10　施工人员进出定位管理系统示意图

考勤系统：在每个施工隧道内装2台读卡器。1台读卡器装在隧道洞口的入口处，另一台读卡器装在洞口往里10m处，根据读卡器读到卡的先后顺序来判断施工人员的进出情况，施工人员何时进、何时出、洞内有多少作业人员都能反映到系统软件中，并体现到大屏幕上，使考勤情况一目了然。施工人员将该系统考勤卡佩戴在安全帽内侧，无须主动刷卡便能实现自动考勤，方便省力、准确度高。

定位系统：在每个施工隧道二衬台车附近安装2台读卡器，一个安装在台车前一个安装在台车后，台车前读卡器主要是对掌子面开挖或是其他靠近掌子面工作的人员定位，台车后，主要是负责台车附近工作的人员定位（若要加安装定位读卡器，可以按500m一个点位计算）。施工人员只要将该系统考勤卡佩戴在安全帽内侧，无须主动刷卡，在每个读卡器的有效识别范围内，根据识别到的人员标识卡的情况对施工人员进行区域定位识别管理，使管理人员在监控室就能及时掌握施工现场的具体情况。同时特殊人员卡上可以有按钮，实现洞内洞外双向通信，当洞内有危险情况的时候，可以通过按钮，及时通知洞外值班室，以便做好危险预防及救助。洞外获取信息后，也可以通过广播的形式通知到现场所有带识别的人员。

4.2.2.5　人员/车辆门禁通道系统

门禁通道系统主要利用自动刷卡机制限制人员的进出，保障禁止非工作人员私自进出施工区域，同时也可用来保障数据的真实性和有效性，避免因人为因素而导致考勤失效，或是管理出错。车辆的门禁可以提升对现场车辆的及时管控，做到更加有效地提高车辆利用率。

济南绕城高速济南连接线隧道施工人员/车辆门禁通道系统见图4-11、图4-12。

主机（现场服务器）：负责整个系统设备及人员检测数据的管理、通信、统计存储，以及屏幕显示、查询打印、画面编辑、网络通信等任务。

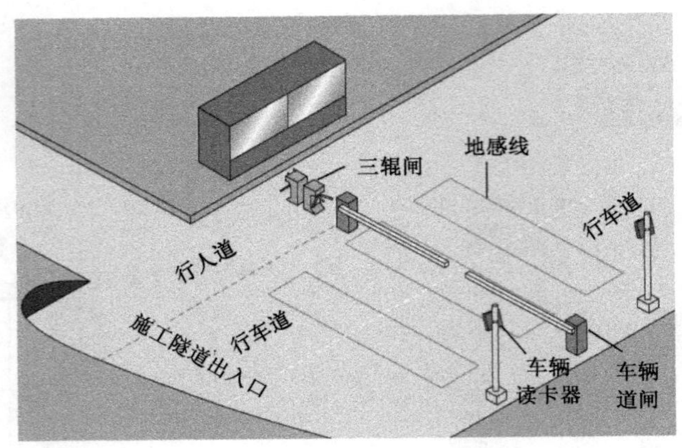

图 4-11 人员/车辆门禁通道示意图(一)

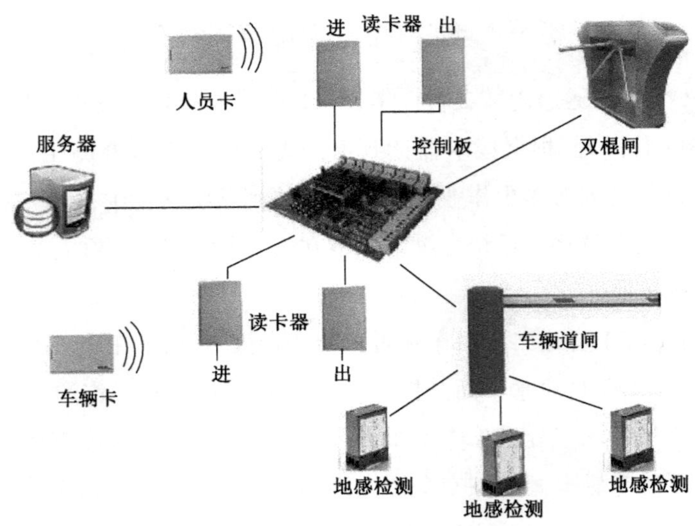

图 4-12 人员/车辆门禁通道示意图(二)

控制板:实时采集接收人员卡的信息,并及时通过通信线路实时反馈到系统当中并生成控制摆闸的指令,根据数据有效性进行控制,保证人员进出正常。

道闸:主要安装在入口处,对车辆进出限制作用。

地感检测器:及时检测是否有车辆经过,并发送信息至控制系统,产生相关联动。

三辊闸:也安装在隧道入口处,对人员进出限制作用。

读卡器:远距离读卡器,通过靠近自动刷卡方式,获取人员/车辆携带的电子标签信息,并传输到后台控制中央去。

利用人员/车辆门禁通道系统可以实现进出人车分流通过,保证一定的进出安全,只要给人员和车辆配置相关电子标签即可。当人员携带人员卡(即电子标签),靠近人员门禁通道也即三辊闸的时候,内置的读卡器可以及时读取卡片信息,并送交后台核实,运行通过,则发送命令给三辊闸,开启放行,否则不变化。而对于车辆门禁系统,也需要给每一辆车配置车辆卡,车辆经过通行区域的时候,会触发读卡,同时也有地感触发,当同时读卡和地感触发的时候,系统将判定车辆允许通行,则开启道闸放行。单单的读卡或是单一的地感触发,系统统一认为不允许通过。

4.2.2.6 有害气体监测系统(选装)

有害气体监测系统是在隧道应用方面的重要拓展,系统主要测定气象参数、瓦斯浓度、风速、风量等参数。由于瓦斯隧道作业的危险性和特殊情况下的不可预知性,我们组织人员开发了这项安全监控系统,该系统能准确地检测隧道内瓦斯的浓度,一旦瓦斯浓度超过设置的含量值,系统会自动发出报警并且切断隧道内电源,从而防止因瓦斯浓度过高带来灾害的持续发生,最大限度地避免了人员伤害和财产损失。

本系统设计的基本要求是瓦斯隧道施工期间,成立专门的瓦斯检测队伍系统,该系统由自动监控与人工监控系统组成,并作为施工工序管理,由现场施工负责人主管。在开挖面需要进行气体监测的地方,安装相应的瓦斯监测装置,利用瓦斯检测仪实现对该区域瓦斯的监测,以便及时将实时气体浓度消息通知后台,做到及时防范,安全预警,保证隧道工作更加正常安全地进行。

济南绕城高速济南连接线隧道施工有害气体监测系统见图4-13。

图4-13 隧道施工有害气体监测系统效果图

有害气体监测系统主要包含监控服务器、前端感知监测器、传输接口转换器等。

监控服务器:主要负责接收、处理、反映从前段监控设备返回的相关数据,并做保存查看。

前端感知监测器:一般多指采集数据设备,如瓦斯监测器等。可以实时采集现场环境参数,并实时地通过通信系统及时地传回服务器。

传输接口转换器:包括一些信号转换器,主要实现对信号的转换以便系统更好地接收处理数据。

图4-14为隧道施工有害气体监测原理示意图。

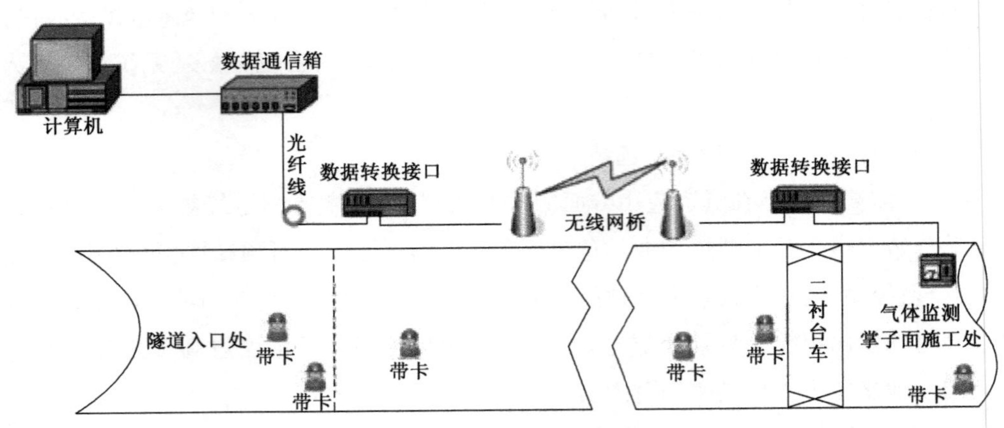

图4-14　隧道施工有害气体监测原理示意图

4.2.2.7　LED显示系统

将LED大屏幕安装在施工入口附近,靠近门房或是值班室为佳,用于实时显示公路工程施工人员的信息,使管理先进化、透明化。显示的内容包括:标签号、姓名、时间、总人数等,使领导及监管人员不用下到隧道下面去,也不必查看监控室电脑就能及时了解隧道内施工人员情况。有了该LED大屏幕显示系统(图4-15)不仅可以使洞内各区域内施工人员信息形象、直观、一目了然地体现出来。而且,在开现场会时,也可以在大屏幕上显示各种欢迎标语、宣传标语;在平时可以通过大屏幕提示施工人员注意施工安全,在有高温、霜冻等恶劣天气时可以及时进行温馨提示。这些都能充分体现隧道施工项目部管理上的人性化、现代化、科学化。

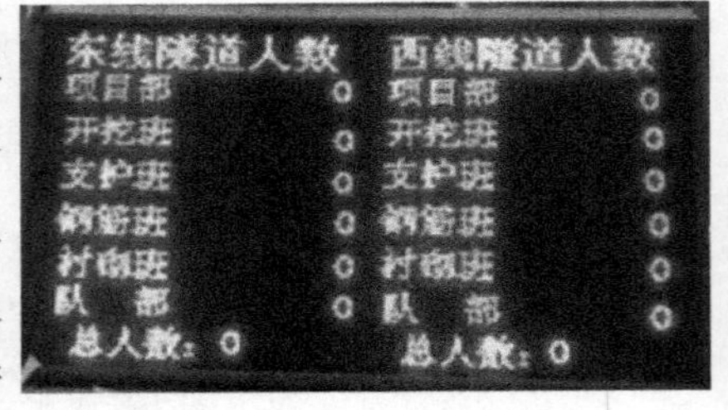

图4-15　LED显示系统

系统组成:服务器、同步系统卡、LED显示屏。

服务器:主要实现对显示内容的编辑、控制。

同步显示系统卡:系统的核心部分,同步实现电脑与LED屏的显示内容。对信号进行编译传输。

LED显示屏:由32X16 led灯点(P10单红)阵组成的模组拼装而成,根据实际情况可以选择拼装的大小。

济南绕城高速济南连接线隧道施工LED显示系统原理示意图见图4-16。

4.2.2.8　视频监控系统

济南绕城高速济南连接线隧道施工视频监控系统见图4-17。

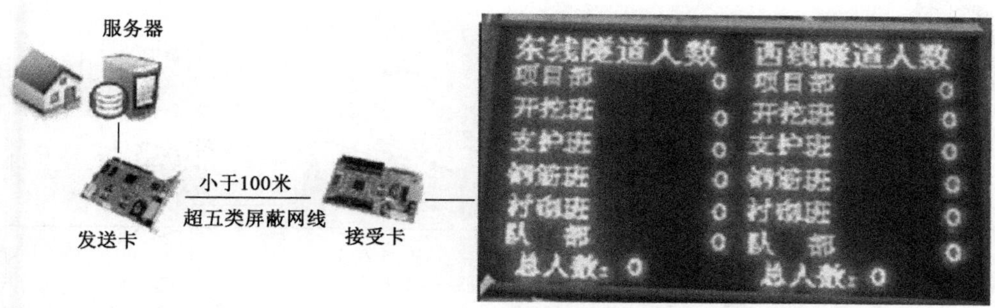

图 4-16　隧道施工 LED 显示系统原理示意图

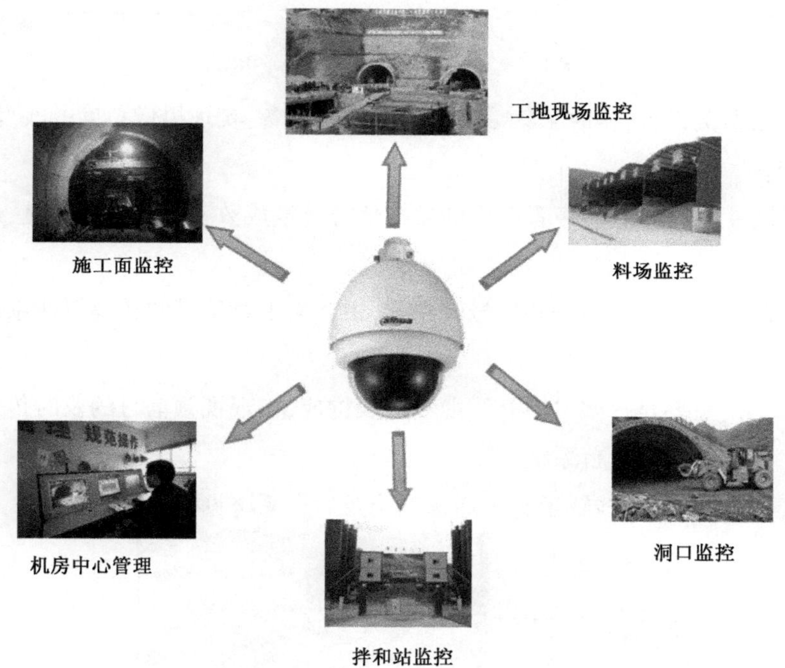

图 4-17　隧道施工视频监控系统示意图

网络视频监控系统包括前端视频采集设备、网络视频编解码、通信传输设备，以及后端的监控接收客户端软件。安装在隧道各主要的监控点执行信号采集传输，软件主要是安装在监控室电脑上，两者之间通过平台管理中心系统授权，对其前端视频点进行多点对多点的实时监控管理，见图 4-18。

在隧道施工现场，一般在掌子面、仰拱、二次衬砌施工处以及洞口附近分别安装摄像头，实时显示查看监控区域的情况。

系统组成：服务器、摄像机、视频服务器、传输数据接口转换器以及通信传输部分。

服务器：监控平台终端，对系统返回的信息进行显示，并通过平台软件对各个监控点位的摄像机进行操控，以及提供录像、播放视频、云台控制等多个功能。

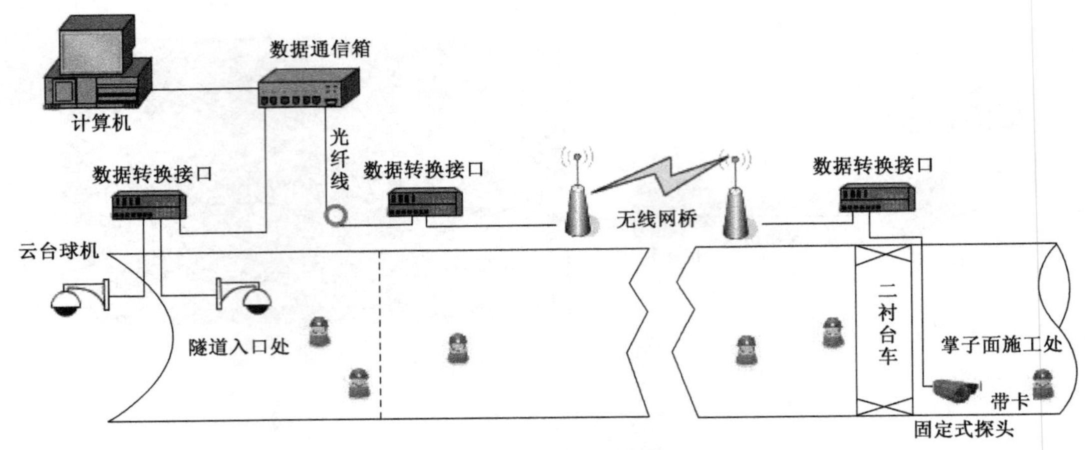

图4-18 隧道施工视频监控系统结构图

摄像机:前段监测设备,实时采集信号。提供云台设备,实现摄像角度的改变,提供全方位式、立体式监控。

视频服务器:主要是实现将声音图像的模拟信号转换成数字信号进行传输,通过通信线路回传给监控平台。

传输数据接口转换器:包括一些信号转换器,主要实现对信号的转换以便系统更好地接收处理数据。

通信传输部分:主要是一些 RVVP 线缆和网线构成,实现视频信号的及时传输。

4.2.2.9 通信系统及后台系统

济南绕城高速济南连接线隧道施工通信系统及后台系统见图4-19。

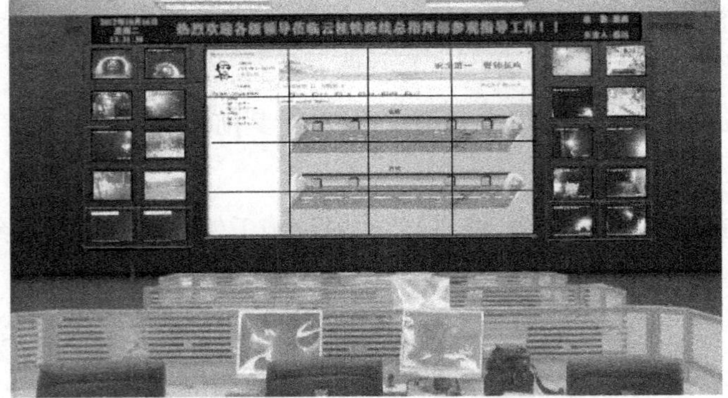

图4-19 隧道施工通信系统及后台系统

根据现场实际环境，现场选用多种通信系统，包含有线通信、无线通信、光纤通信以及卫星通信系统，合理搭配各种通信系统，保证最优最合理的通信传输。

后台系统根据需求分析，采用最前沿的电视墙技术，通过平台服务，及时地将数据呈现到电视墙上面，以供管理员及时分析处理。

4.2.2.10 项目部联网——综合远程管理

济南绕城高速济南连接线隧道施工项目部联网——综合远程管理系统见图4-20。

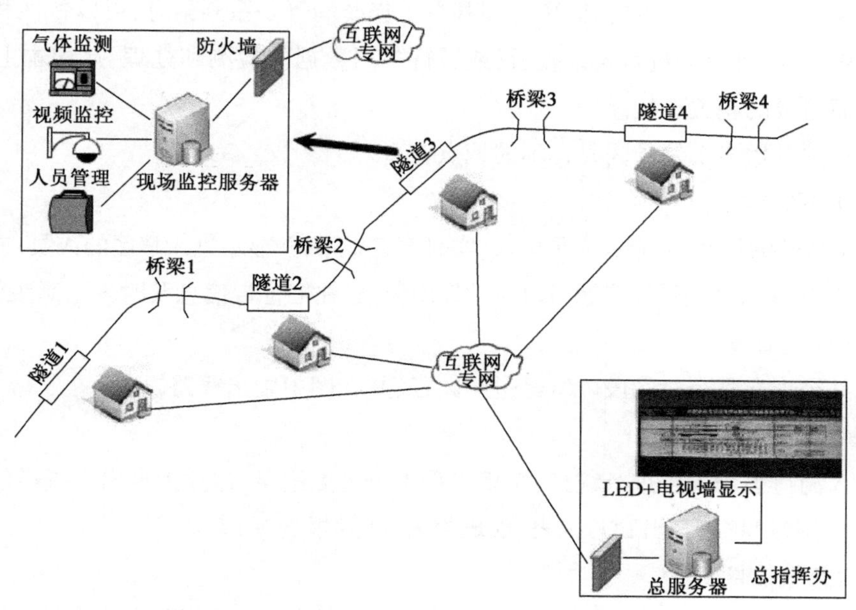

图4-20 隧道施工项目部联网——综合远程管理系统

利用各个隧道口的网络通信，可以将各个隧道的采集到的人员数据，包括进出记录以及定位信息等，实时传送到指挥部调动中心，及时了解各隧道人员分布情况，方便指挥调度。

4.2.2.11 核心功能特点

系统可实现在建公路全线隧道管控，从总指挥部到各项目部再到各隧道驻地，逐级权限管理。由总指挥部统一发卡，统一装备，统一管理，高清远程视频上墙统一显示，及时性隧道人员信息数据集中监控。

本系统遵循“统一发卡、统一装备、统一管理”的原则，按准许隧道洞内工作人员和班组实行“一人一卡”制，该感应器可视为“上岗凭证”或“隧道准入证”。

(1)在建公路项目全线隧道管控

各驻地，各隧道均与中心平台对接，数据及时上传。

总指挥部可以及时查询任意隧道当前工作状态及相关数据。

可视化电视墙及高性能服务器，提供直观的数据以及图像信息。

(2)洞内有害气体监测功能

可以及时预防,做到早发现,早处理,保证员工健康安全。

及时性数据强,便利的时间段数据报表显示。

(3)洞内工作人员实时动态显示功能

任一时间洞内某个地点作业人员人数具体信息。

查询一个或多个人员现在的洞内实际位置。

记录有关人员在任一地点的到/离时间和总工作时间等一系列信息,可以督促和落实重要巡查人员是否按时、到点的进行实地查看,或进行各项数据的检测和处理,从根本上尽量杜绝因人为因素而造成的相关事故。

实现多点共享供多个领导同时在不同地点查看。

(4)自动报警功能

可以设定特殊的禁区,如果有人员进入,实时声音报警,并显示进入禁区的人员;或是设定特殊危险地段,当工作人员超过规定数目时自动发出警报,并把警告信息及时发送高级管理人员。

(5)人员轨迹查询

可查找某个人在某个时间段内所经过的路径,并在图中画出线路轨迹。

(6)丰富的考勤能力

可对出入洞口工作人员进行统计,实现工作人员考勤记录,建立人员出入隧道的各种信息报表(如:进出洞时间报表、出勤月报表、加班报表、缺勤报表等)。

(7)灾后急救信息

一旦发生各类事故,上位机上立即能显示出事故地点的人员数量、人员信息,人员位置等信息,大大提高抢险效率和救护效果。

(8)车辆及设备管理

车辆的出入统计、定位以及其他重要设备的具体位置。

4.2.2.12　系统特点

①安全、稳定性高:健康资质认证,具有防爆防尘、抗干扰的特点。

②多卡快速识别:50m 范围内可同时识别 100 个卡信息,识别物体速度可达到 200km/h。

③适应性强:可以配合现在各种传输网络比如光强、以太网、485 总线等。

④丰富的查询报表:最大程度方便管理人员操作。

⑤双向报警功能:施工人员可以通过标签按钮来向监控中心呼叫;监控中心也可以通过标签发信息(双向卡的功能,单向卡没有这个功能)。

⑥远程接入:可以在任何一台可以上网的电脑上远程查看隧道的实时情况,无须到现场。

⑦视觉性强:通过外置的超大 LED 屏幕显示,可以随时知道目前洞内现在有多少人,这些人是谁。

4.2.2.13　软件功能介绍

1)概述

隧道人员定位系统软采用目前先进 VC. net 开发平台,结合功能强大的 SQL SERVER 数据库。基于 B/S 结构的网络监控软件,可通过 IE 浏览器在网络上浏览、查询、打印施工人员定位及考勤管理等相关信息,同时根据权限的不同,可以进行相关权限下的限制操作等,保证系统稳定运行,可参见图 4-21。

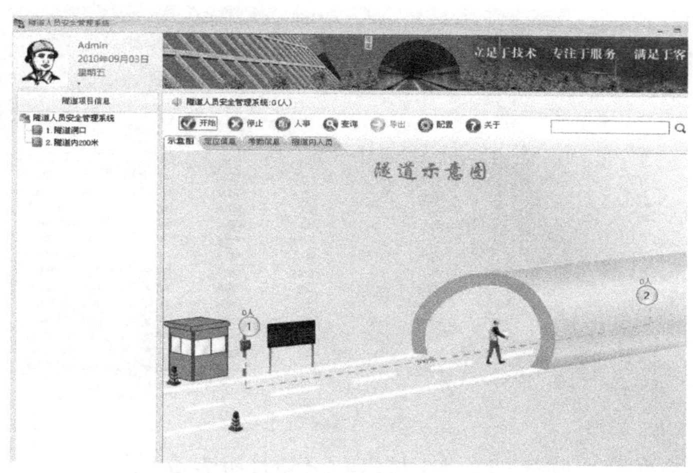

图 4-21　隧道施工视频监控系统软件界面

2)功能描述

隧道人员安全进出管理系统(图 4-22)集成了人员进出考勤定位功能、视频监控、环境气体监测功能、以及 LED 显示四大功能于一身,对于隧道内部人员和或其他监控物体的动态分布情况、数量以及其所在的位置,同时具有选择跟踪、实时跟踪、位置查询和个人定位等功能。

选择跟踪:选择各部门工种等特定人员,掌握其在现场的工作情况。

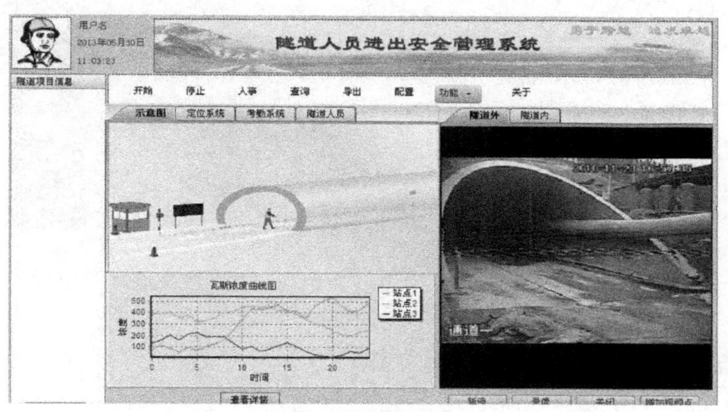

图 4-22　隧道人员进出安全管理系统界面

实时跟踪：实时显示隧道内部各人员的位置状态及其来源地。能够清楚地反映其活动情况。

位置跟踪：选定某个监控段或是监控点，可以显示此段区域内的人员或车辆分布情况。

个人定位：显示特定人员的运动轨迹，并可显示其历史运动方向。

(1)考勤统计功能

通过对进出隧道的工作人员的出、入时间以及在隧道各区域的停留工作时间的记录与统计，完成对全区个人、部门以及干部的考勤信息查询、统计(图4-23)。

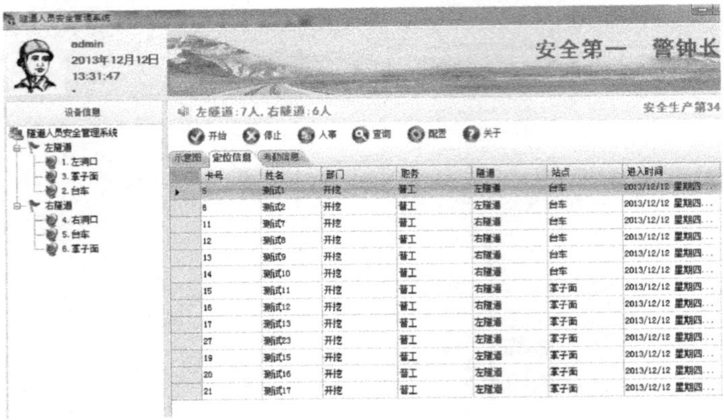

卡号	姓名	部门	职务	隧道	站点	进入时间
5	测试1	开挖	普工	左隧道	台车	2013/12/12 星期四...
6	测试2	开挖	普工	左隧道	台车	2013/12/12 星期四...
11	测试7	开挖	普工	右隧道	台车	2013/12/12 星期四...
12	测试8	开挖	普工	右隧道	台车	2013/12/12 星期四...
13	测试9	开挖	普工	右隧道	台车	2013/12/12 星期四...
14	测试10	开挖	普工	右隧道	台车	2013/12/12 星期四...
15	测试11	开挖	普工	右隧道	掌子面	2013/12/12 星期四...
16	测试12	开挖	普工	右隧道	掌子面	2013/12/12 星期四...
17	测试13	开挖	普工	左隧道	掌子面	2013/12/12 星期四...
27	测试23	开挖	普工	左隧道	掌子面	2013/12/12 星期四...
19	测试15	开挖	普工	左隧道	掌子面	2013/12/12 星期四...
20	测试16	开挖	普工	左隧道	掌子面	2013/12/12 星期四...
21	测试17	开挖	普工	左隧道	掌子面	2013/12/12 星期四...

图4-23　考勤统计系统

按照要求输出各种信息报表(如：时间报表、出勤月报表等)。

(2)视频监控

①实时显示监控位置的图像，监控更直观清晰(图4-24)。

图4-24　视频监控界面

②提供云台方式查看，监控更具体，更立体。

③视频存储方便，可以查阅一个月内的视频录像。

④外接性能功能强大。可以与系统实现报警联动。

(3) LED 大屏显示

①同步显示系统各监测数据,更直接,更形象。

②可以进行丰富的节目安排,人性化极高。

③上手容易,简单易懂,操作性方便快捷。

(4) 员工管理功能

员工管理功能 :员工的增加、删除、修改和查询(图 4-25)。

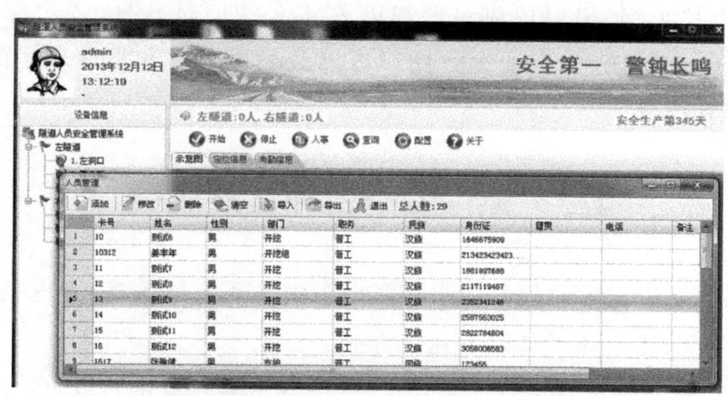

图 4-25　员工管理界面

硬件信息管理功能:对读卡器基站、分站名称进行管理,对人员识别卡信息进行录入。

(5) 实时报警功能

具有告警信息实时显示及历史告警查询功能,告警内容包括读卡器基站故障、卡电池电量不足、危险区域超时、禁区闯入等重要内容。

(6) 安全监测功能

跟踪安全监测人员在隧道内的运动轨迹,记录他们在各区域及各监测点的停留时间,从而保证安全监测工作的严格执行。

(7) 有害气体监测

①根据时间段实时获取当前隧道内部气体成分以及比例。

②图表形式显示,更客观直接。

③可查询历史记录信息。

④可设置报警阀值,管理更加方便。

(8) 区域禁入管理功能

当有非授权人员进入一些重要地方或是危险场所等禁止进入区域时,系统给出提示和警告,同时将相关信息记录保存。

(9) 紧急事件协助处理功能

万一当隧道发生紧急事件时系统可以及时对丢失人员进行统计,查询事故现场附近的人员信息，快速确定人员的准确位置，以便及时有效地开展搜救工作。

(10)历史数据的查询和报表打印功能

①可对隧道人员定位、人员跟踪、考勤统计、安全监测管理、系统运行管理等信息进行长期保存，并可方便地查询历史记录。

②能按时间、部门等对信息进行查询和打印。

(11)信息联网功能

通过建立WEB服务器，可以以浏览网页的方式实现信息共享，客户端无须另加任何软件，提供WEB浏览器方式访问，保证远程用户可以及时地了解和掌握现场的实际情况，进行未来生产工作安排和指导。

4.3 建设安全管理实施成效

超大断面隧道施工安全管理创新成果在济南东南二环项目隧道工程安全管理过程中的应用，安全管控效果明显，主要体现在以下几个方面。

(1)改变了以往隧道施工安全管理方式单一、信息更新滞后的现状，安全管理工作体现了超前意识，时效性显著。

(2)在创新成果的作用下，隧道工程安全高效掘进，节约了时间成本。其中小岭隧道提前2个月安全贯通，港沟隧道左线提前5个月安全贯通，浆水泉隧道施工导洞左线提前2个月安全出洞、间接节省工程投资1400余万元，经济效益显著。

(3)为安全费的使用指明了方向，隧道安全费用到实处，避免了建安费使用成效低下、为满足合同要求盲目应用的顽疾。

(4)从勘察设计到施工运营，实现动态管理，追踪溯源，杜绝安全事故发生，确保工程顺利建成，社会效益显著。

(5)创新成果的成功应用，项目隧道工程未发生塌方、突泥涌水等地质灾害，避免了对隧址区地下水系的破坏，保护了山区较为脆弱的生态系统，生态效益显著。

(6)实现以安全促规范化，以规范化保证工程质量，做到质量安全齐头并进，项目在2016年交通运输部组织的质量安全综合督查中获得专家一致好评，为创建品质工程打下了坚实基础。

超大断面隧道施工安全管理创新成果在济南东南二环项目隧道工程安全管理过程中的应用，为山东省交通系统及山东高速集团有限公司内部在超大断面隧道施工安全管理方面及投资控制方面积累了大量的经验，对后续隧道建设安全管控有极强的借鉴意义，尤其是超大断面公路隧道群建设全过程安全管理系统等新方法在后续的项目中全面推广，大幅提高了项目安全管理人员的工作效率及管控成效。

第5章　安全管理系统背景及主要内容

5.1　安全管理系统研究背景

由于城市地铁、铁路隧道和高速公路隧道改善了路线技术指标、缩短了路程和行车时间，提高了运营效益，因此国家在不断加大隧道的建设力度；然而隧道建设的造价高、运营管理相对复杂，所以各地对隧道的建设都十分重视，不敢掉以轻心[29-31]。

在我国随着道路建设规模逐步扩大，建设项目中的大型隧道项目也越来越多（图5-1）。隧道工程的施工建设，施工难度大，不可预见因素多，施工环境隐蔽性强，导致隧道施工过程中发生塌方、冒顶、掉块、突涌水等安全事故频发，严重威胁施工人员的生命安全，同时造成大量的施工机械的破坏，工期延误。因此，加强复杂地质环境隧道施工全过程安全管理，保证施工人员的安全，提高施工质量，加快施工进度，以及对突发性事故发生的预警、报警和灾后救援工作的组织、安排具有极其重要的意义。

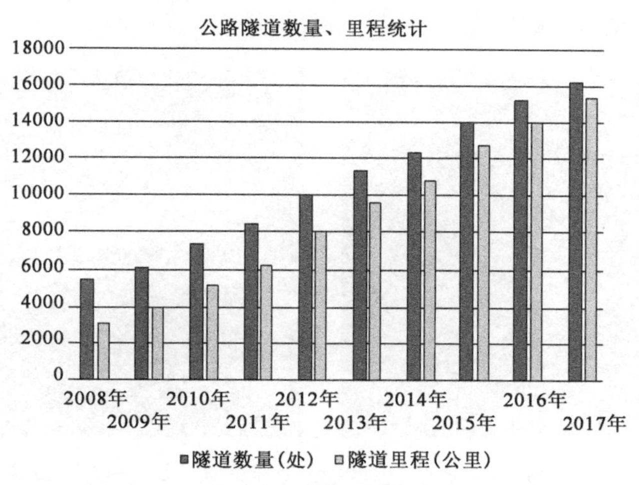

图5-1　近十年我国隧道路程统计

据统计2009—2013年我国隧道施工事故33起，造成直接死亡人数161人。事故类型主要为爆炸、坍塌、中毒窒息、冒顶片帮，在这中间坍塌是隧道施工过程中的最值得引起注意的事故原因，其所占比例要远高于其他事故类型。

2005年12月22日四川省都汶高速公路董家山隧道发生特大瓦斯爆炸事故，造成44人死亡11人受伤的悲剧，直接经济损失2 035万元。2006年1月21日湖北利川市中铁11局马鹿箐隧道2 480m处施工时，平导洞发生透水事故，并通过联络巷灌入正洞，造成正洞中11人死亡。同一年洛湛铁路大桂山隧道在进口洞内发生爆炸事件，5人死亡，1人受伤，1人失踪。2007年4月30日，陕西榆林市绥德县境内由中铁十六局集团二公司施工的太中银铁路吴堡隧道3号斜井距井口941m处发生塌方，造成4人死亡，1人受伤。2007年7月6日，贵州贵阳市金阳新区，小平坝河排水工程项目隧道距出口2公里处发生坍塌事故，5人遇难。2012年12月25日下午，山西蒲县曹村中南铁路南吕梁山隧道一号斜井实施爆破作业时，违章操作出现事故，在距离洞口约5 000米的隧道中发生爆炸事故，造成8人死亡、5人受伤。2014年12月29日16时30分，广东省广州市萝岗区一隧道施工现场发生坍塌，有5名施工人员被掩埋。

随着隧道重特大事故的不断发生，人们渐渐认识到隧道工程施工中所存在的巨大风险。事故一旦发生，给施工中带来的人身财产损失将是沉重而又难以挽回的。确保隧道施工安全是当前急需解决的问题。

隧道工程项目作业周期长，规模大，施工现场多为野外。现在国内隧道施工还存在着机械化程度低、劳动强度大以及卫生条件堪忧的问题。加之隧道施工围岩的稳定性、突泥突水等的不确定性大，致使隧道施工工程存在过高的职业健康安全风险。隧道施工的危险源主要包括工作面坍塌、突水突泥、爆破作业违章操作、高空作业架失稳、供电网络缺陷、供风量不足、有毒有害气体量超标等(图5-2、图5-3)。这些安全风险因素不只是威胁着隧道施工人员的生命安全，一旦爆发灾害事故，其带来的经济损失也是难以估计的。当前隧道工程施工需要拿出行之有效的方法来控制安全事故的发生。

图5-2　隧道涌水

图5-3　隧道塌方

安全评价作为预防事故的重要技术手段之一，可以对施工过程中存在的危险及有害因素进行识别、分析[32]。通过判断施工过程中事故发生的可能性及其危害程度，为安全事故防范措施的制定及接下来的施工安排提供科学依据。安全评价作为风险控制和科学化管理的基础，是依靠现代科学技术管控灾害的具体体现。

大跨度隧道能增加交通流量，交通更加便捷，在经济和技术的支撑下，超大跨度隧道也在不断涌现。与普通公路隧道相比,双洞八车道超大断面隧道的结构受力更加复杂、施工方法更为多样化[33]。超大跨度隧道开挖跨度大、扁平率低,施工工序转换复杂,因此其结构健康状况无论是施工期还是运营期都是人们关注的焦点。

在隧道工程安全施工建设过程中,施工人员安全管理始终是各施工单位领导们关注的问题,在现阶段隧道施工过程中,施工人员中越来越多的农民工参与其中,由于受到的培训少、施工经验少等原因造成施工安全意识淡薄,在施工过程中安全管理和监控比较困难,如何加强他们在施工过程中的管理是摆在工程管理者面前的现实问题。

从隧道施工实践经验来看,控制施工人员在隧道中的出入,及时动态、准确地掌握隧道内施工的人员总数和具体人员,准确掌握隧道内危险区域的人员总数及具体人员,据此可以推断生产是否有序,人员是否到位,监测检验人员工作是否正常等,是保证人员施工安全的其中一个关键。

现阶段在隧道实际施工管理过程中,尽管采取了各种措施,特别是进出隧道挂牌制度的实施,部分解决了施工人员随意出入施工现场的问题,但是这种方式所固有的统计时效性差,管理过程中由于人的随意性、人情关系等问题导致制度执行贯彻不到位等不足,在实际管理过程中不尽人意。所以隧道工程实施过程的实际管理迫切需要一种能够自动采集、统计人员出入数据的应用系统,因此能够实现灾害预防、事故救助、信息化管理等先进的管理手段将是隧道安全建设的必然选择。因此针对以上情况提出了"隧道全过程安全管理系统",助力隧道标准化建设和平安工地建设,为隧道的安全建设提供了崭新的安全管理理念和强有力的保证。

在隧道建设中,亟须数字化、远程化、智能化的元素,利用已建隧道案例数据与在建隧道监测数据,实现数据采集、监测、预警与管理,在勘察、设计、施工、运营阶段实现隧道全生命周期数字化管理。

5.2 安全管理系统发展状况

随着社会信息化和科学技术的大力发展,各个国家不同领域都渗透着数据信息传递、处理、应用的科技味道。大数据(big data),指通过先进的数据分析技术,对大量数据进行关联分析,得出一些以前没有能用因果关系推导出来的现象关系。大数据具有4V的特点:Volume(大量)、Velocity(高速)、Variety(多样)和Value(价值)[34]。大数据的来源主要有3个方面:行业内部自身产生的数据,相关行业的导入数据,公众交互的数据。随着信息技术的发展,大数据逐渐成为现代社会基础设施的一部分,就像公路、铁路、港口、水电和通信网络一样不可或缺。大数据时代,可以分析更多的数据,处理和某个特别现象相关的所有数据,而不再依赖于随机采样,大数据时代不再特别注重某个数据的精确度,大数据的分析也从因果关系转向关联关系。

西方发达国家在安全方面的研究工作起步比较早,经验比较丰富。在建筑施工安全管理体系和安全评价体系上均比较先进。建筑施工安全管理也是基于建筑施工环境、建筑施工设备和建筑施工制度上进行的。国外发达国家在这方面的法令法规及相关制度都比较完善,另外,发达国家由于施工设备的先进性,其在安排施工进度的人员安排方式上的不同也会影响施工人员的安全问题。在行政干预方面,德国就将建、管分开执行,德国联邦政府建设部统一管理全国工程建设活动,承担建设项目的规划、立项、招标与建设,但在地方进行建设工作时,具体的实施办法则由各地方政府制定。在施工人员安全教育培训中,新加坡规定从业人员年平均培训小时占总工作时间的比率必须达到5%。新加坡还设立了面向建筑从业人员的培训考核奖学金,保障并鼓励新员工积极参加安全培训。美国在施工安全预警和安全评价方面做得都比较好,由于美国具有强大的数据库,有足够的事故案例可以进行分析以做出施工安全预警,丰富的数据资源也对安全评价的准确性提供了有力的保障。根据大量数据的分析可以得到更为准确的量化关系,对安全防范工作具有重大意义。

目前的远程信息管理系统往往只是对行政和技术文件的管理,而无法实时地获取施工信息,更不能对施工现场和施工人员的信息有一个全面、及时、准确地掌握,从而导致很多事故的发生[35]。湖南炎汝高速隧道爆炸事故、兰渝铁路隧道翻车事故、广西都安隧道塌方事故等再次敲响安全生产的警钟,为此各级政府高度重视工程建设安全生产问题,并采取一系列措施不断加强安全生产工作。如何改变目前隧道施工过程安全监管落后的管理模式,实现管理的现代化、信息化、智能化,成为管理者研究的重要课题。

5.3 安全管理系统研究意义

针对现阶段隧道施工现场情况以及安全风险评估等方面存在的问题进行系统研究,在已有的隧道施工风险的相关研究成果的基础上,本文结合风险辨识流程,采用德尔菲风险识别方法对隧道施工期的风险进行多层次的细分,完善隧道施工期风险评估指标体系。利用物联网科学与计算机信息技术,将施工现场与远程管理平台连成一线,形成完整互动体系,一方面为依托工程管理提高经济效益,大大节约成本,一方面也为隧道工程行业树立模板工程,推动工程建设中的信息元素的发展。本次项目的主要研究意义如下:

(1)将远程监控、大数据分析应用到隧道建设中,获得隧道施工信息动态数据,进行安全管理与预警,服务于隧道建设全过程,可减少人力、物力的投入。

(2)在勘察设计阶段,提取勘察成果数据至数据库,有利于查询或用作后续阶段的施工依据。

(3)在施工阶段,根据设计图纸、规范标准的阈值,管理软件系统中对实时监控数据进行智能性判断，可视化人机交互，可实现更加有效率的隧道安全施工和管理；

(4)在运营阶段，在隧道群洞内设置视频监控网点，实时反馈洞内运营情况，便于运营期实施管控与快速响应。

(5)基于数理方法，对隧道施工全过程的风险源进行评估和动态评估，有利于隧道全生命周期内的风险管控和规避。

5.4 安全管理系统研究内容

本项目依托济南绕城高速济南连接线工程、京沪高速济南连接线工程在建的老虎山隧道、小岭隧道、大岭隧道、浆水泉隧道、龙鼎隧道、港沟隧道6条双线八车道超大断面隧道群工程，针对超大断面公路隧道群建设全过程安全管理系统研发开展如下研究：

(1)隧道建设全过程安全管理系统模块设计。

(2)建设全过程信息传输模式与标准化管理。

(3)建设阶段化数据融合与挖掘智能化管控。

(4)建设全过程风险动态评估与管理决策机制。

(5)基于大数据和云计算平台的管理系统研发。

5.5 安全管理系统研究目标

依托济南绕城高速济南连接线工程、京沪高速济南连接线工程进行，该线共设6座隧道，均为上下行分离的4车道超大断面高速公路独立隧道。隧道累计长度近10km，其中浆水泉隧道单洞全长3.1km，为国内最长4车道高速公路隧道。根据现有资料，该线隧道工程无论是工程规模、开挖跨度及长度还是地质复杂程度都是全国少见，且岩层近水平层状发育，不稳定掉块极易发生，施工风险高、施工难度大。

基于依托工程，开发超大断面公路隧道群建设全过程安全管理系统，达到如下目标：

(1)建立隧道群数据库，包含隧道工程信息、地质信息以及不良地质、灾害信息，以图表、列表、滚动文字呈现，突出人机交互界面。

(2)建立勘察设计模块，对依托工程隧道群进行信息完整录入，可供随时调取查询，或用于后续阶段的参考对比。

(3)建立施工模块，具备施工信息实时录入、视频嫁接、第三方数据实时反馈、监理日常反馈、传感器导入、围岩分级、动态评估的全功能子模块。

(4)建立运营模块，对隧道运营过程中的漏水、穿越断层，可追寻勘察设计、施工信息。

充分融合大数据、云端共享传输技术，建立模块化、可视化的软件管理系统，融入数理评估和数据挖掘科学方法，以期对隧道全生命周期进行健康监测和安全管理，及时规避风险问题，节省更多的人力物力，创建现代化、数字化隧道建设新时代。

5.6 隧道建设全过程安全管理系统建设要求

5.6.1 安全管理系统建设依据

(1)科学合理、详细的工作计划

建设工作开展前，需要认真梳理业务需求、工作需求，详细分析工作任务，制定合理、详细的工作计划，确定工作思路和工作方式方法。

(2)建设可实施性和项目建设的实用性

通过设计工作梳理前期建设情况，提出下一步的建设方案，因此设计方案编制工作中，要统筹考虑，确保设计方案的可行性和可实施性，切实指导项目的建设，同时，确保项目建设在满足需求的基础上，具备一定的先进性、扩展性等，建设完成后，能够保证系统实用、管用、好用。

(3)整合资源、节约投资，确保系统互联互通

设计中，一方面发掘存在的问题、解决问题，另一方面要保护投资，充分整合资源，既不浪费，又保证系统的衔接性、可用性、互联互通；同时，对于不满足应用需要的系统、设备，也要提出必要的解决方案。

(4)以“安全第一、预防为主、综合治理”为理念

借助互联网技术，大数据技术，构建由数据采集、数据分析、风险预警三大节点组成，为隧道的日常施工管理提供完备的指导。

5.6.2 安全管理系统建设原则

系统设计遵循以下原则：

系统设计与设备配置遵循网络化、数字化、结构化、模块化、标准化的原则，保证系统的可靠性、先进性、实用性和合理性的性能价格比。

系统应具有强大的网络化分布式构建能力，易于分区扩容和系统扩容能力。

系统具有较好的兼容性，能进行系统之间的良好通信；能方便地实现系统功能的扩展和系统扩容。

系统具有良好的安全保证机制和防攻击措施，能够采用加密登录验证策略和数据验证过滤策略，能保证系统的高度安全性和健壮性。

5.6.3 安全管理系统建设内容

根据总体架构设计，本次建设内容主要划分为如下。

一个系统：将隧道基础数据、施工过程数据、文件资料、视频影像资料、地图数据等多元化的数据集成到一个系统中，进行标准化作业，同时采用 MD5 + salt 加密策略进行登录验证，采用树形机构进行权限过滤，采用权限——角色——用户三级监管机制，保证系统可控性。在保证系统统一性的情况下，保证系统的健壮性和安全性。

二个平台：建设 1 个 PC 软件平台和 1 个移动采集平台。系统具备跨平台、多系统下登录特点，软件支撑平台能够在整个系统安全性基础上进行服务支撑和数据支撑，移动采集平台保证数据采集的准确、快捷。两个平台协同处理，保证整个系统运行的安全性、稳定性和统一性。

九个模块：系统建设包含隧道基础信息模块、施工过程管理模块、超前预报管理模块、监控量测管理模块、安全预警模块、数据挖掘模块、移动数据采集模块、运营模块以及大数据展示模块。

5.6.4　安全管理系统技术选型

5.6.4.1　选型原则

针对应用系统的特点，结合统一规划、分步实施的项目实施策略，根据以下建设原则，我们采用 J2EE 应用架构：

(1)作为大规模的企业级应用系统，以长远发展的眼光进行整体规划。

(2)高起点地建设系统，注重其稳定性、安全性、先进性和高效性，其中安全性和稳定性永远是第一位的。

(3)根据系统分布和各主要功能系统的应用模式，构建软件平台的层次，在横向和纵向上体现出高的可靠性、可用性、可扩展性、可伸缩性和负载平衡能力。

(4)采用面向组件思想开发的应用功能组件和部件是系统的主体，与应用服务器等系统平台软件形成可管理、可配置、可维护的服务及支撑环境，并保证对外各种接口的规范性和标准化。

5.6.4.2　选型原因

J2EE 架构有良好的可伸缩性、灵活性和易维护性[36]，这些特性提供以下情况的便利：

(1)系统平台的可复用性：J2EE 能够最大限度地保证平台的可复用性，针对原有建设的硬件支撑平台、数据平台进行复用。由于 J2EE 支持常见的数据库，甚至支持常见的通信标准，为特殊服务协议进行代码重构，这就能够最大限度地保证硬件的接入和数据总线标准的统一，针对标准作业数据进行统一数据接入和交换，而针对特殊数据作业通过进行定制开发方式保证数据接入的干净和无冗余性，能够保证数据总线的统一实施和部署。

(2)支持异构环境：J2EE 能够支持异构环境进行部署，且不依赖于任何中间件、数据库、操作系统和网络环境。能够保证系统一次开发和多次部署，保证平台可迁移性和健壮性，同时 J2EE 标准允许进行非标准化特殊组件作业，为以后扩充和开发节省开发时间和费用。

(3)强大的可伸缩性:J2EE 的异构性保证了整个平台的伸缩性,例如可被部署到高端 UNIX 与大型机系统,这种系统单机可支持 64 至 256 个处理器。(这是 NT 服务器所望尘莫及的)J2EE 领域的供应商提供了更为广泛的负载平衡策略。能消除系统中的瓶颈,允许多台服务器集成部署。这种部署可达数千个处理器,实现可高度伸缩的系统,满足未来系统应用的需要。

(4)稳定的可用性:J2EE 鲁棒性往往不取决自身的稳定性,由本身的健壮性能够满足整个操作系统平台的鲁棒性可知,J2EE 的鲁棒性能够稳定到系统崩溃和免维护为止。而健壮的操作系统例如(Linux)的鲁棒性能够达到 99.999% 或每年只需 5 分钟停机时间。

5.6.4.3 选型模式

J2EE 的采用四层模型,该模型按照面向组件模式进行设计,通过将整个系统进行组件划分进行重构。该模式不仅能够在保证数据总线的统一性情况下,同时保证多应用系统的集成。而且 J2EE 使用多层的分布式应用模型,应用逻辑按功能划分为组件,各个应用组件根据它们所在的层分布在不同的机器上。J2EE 的初衷正是为了解决两层模式(client/server)的弊端,在传统模式中,客户端担当了过多的角色而显得臃肿,在这种模式中,第一次部署的时候比较容易,但难于升级或改进,可伸展性也不理想,而且经常基于某种专有的协议,通常是某种数据库协议。它使得重用业务逻辑和界面逻辑非常困难。现在 J2EE 的多层企业级应用模型将两层化模型中的不同层面切分成许多层。一个多层化应用能够为不同的每种服务提供一个独立的层,以下是 J2EE 典型的四层结构,如图 5-4 所示。

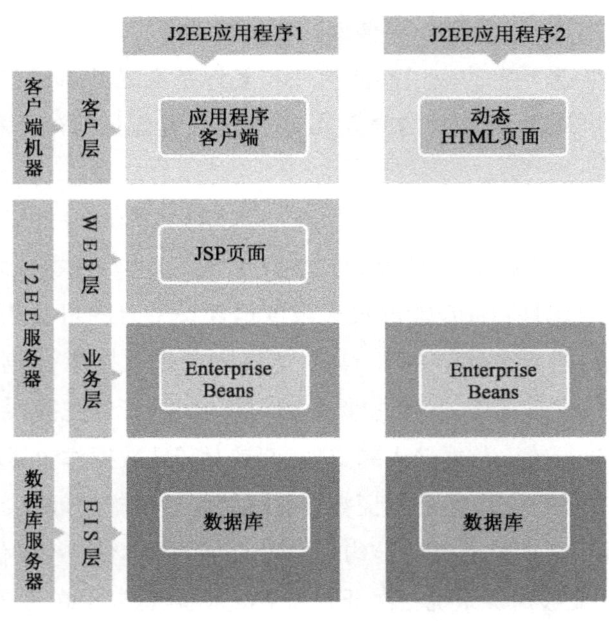

图 5-4 J2EE 四层架构图

这种基于组件，具有平台无关性的 J2EE 结构使得 J2EE 开发部署十分便捷，由于高效的可重用性，相应的业务逻辑被封装成可复用的组件，并且 J2EE 服务器以容器的形式为所有的组件类型提供后台服务。

容器和服务容器设置定制了 J2EE 服务器所提供的内在支持，包括安全、事务管理、JNDI（Java Naming and Directory Interface）寻址、远程连接生存周期管理、数据库连接池等服务，以下列出最重要的几种服务：

J2EE 安全（Security）模型保证了组件的可配置性，详细的加密策略会在安全机制中给出，而被授权的用户才能访问系统资源。这种权限——角色——用户的设计方式保证权限的过滤性和强限制性，同时这种方式部署快捷，其配置的灵活性也能够通过相应修改接口在系统正常运行的情况下进行权限的更改和数据交换。

J2EE 事务管理（Transaction Management）模型能够将整个应用模块化，这种模块式开发方式不仅为整个平台开发带来效率，而且能够将任务单元进行权限、加密等策略的实施成为可能。针对单一任务单元，而控制反转（IoC）和面向切片（AOP）能够保证事务开发的唯一性，这种开发方式将任务和管理功能分开，最大限度地保证了系统运行上线后，系统组织结构的可破解性，相关任务单元只能够完成单一的任务单元，除了使用单位和设计架构师，其整体组装方式和架构无法被复制可重用的特殊性最大限度地保证系统安全。而数据的初始化部署又保证了架构师无法获取系统上线后的运行方式，最终使得系统唯一，使得除了客户和运维方，其余开发者和设计者无法进行系统的重用和获取。

J2EE 远程连接（Remote Client Connectivity）模型管理客户端和 enterprise bean 间的低层交互，当一个 enterprise bean 创建后，这使得客户端连接只能通过相关的加密策略和交换策略 IoC 后才能进行连接，其连接便捷、安全和高效。

生存周期管理（Life Cycle Management）模型管理 enterprise bean 的创建和移除，一个 enterprise bean 在其生存周期中将会历经几种状态。容器创建 enterprise bean，并在可用实例池与活动状态中移动它，而最终将其从容器中移除。即使可以调用 enterprise bean 的 create 及 remove 方法，容器也将会在后台执行这些任务。这种生存周期管理最大限度保证硬件资源的可利用性和防窃取性，针对切入整个平台后，当事务被触发后才能进行相关的任务管理，其生命周期保证了系统获得的安全性，最大限度地保证整个平台的安全性。

数据库连接池（Database Connection Pooling，简称 DCP）模型保证了相关的数据交换策略的稳定性，通过强大的 DCP，能够稳定的管理其相关数据交换速度，而且针对该系统，我们将整个数据连接池进行改造，当整体外壳在遭到不可修复破坏可窃取后，立刻切断其相应的软件支持平台和数据中心的链接，通过软件和硬件物理连接的断出，最大限度保证数据的安全性和可信性。

5.6.5　安全管理系统框架介绍

平台采用 Spring 框架进行搭建，Spring 是一个开源框架，Spring 是于 2003 年兴起的一个轻量级的 Java 开发框架,是一个分层的 JavaSE/EEfull-stack(一站式)轻量级开源框架。

5.6.5.1　框架特征

轻量——从大小与开销两方面而言 Spring 都是轻量的。完整的 Spring 框架可以在一个大小只有 1MB 多的 JAR 文件里发布。并且 Spring 所需的处理开销也是微不足道的。此外,Spring 是非侵入式的:典型地,Spring 应用中的对象不依赖于 Spring 的特定类。

控制反转——Spring 通过一种称作控制反转(IoC)的技术促进了低耦合。当应用了 IoC,一个对象依赖的其他对象会通过被动的方式传递进来,而不是这个对象自己创建或者查找依赖对象。你可以认为 IoC 与 JNDI 相反——不是对象从容器中查找依赖,而是容器在对象初始化时不等对象请求就主动将依赖传递给它。

面向切面——Spring 提供了面向切面编程的丰富支持,允许通过分离应用的业务逻辑与系统级服务(例如审计(auditing)和事务(transaction)管理)进行内聚性的开发。应用对象只实现它们应该做的——完成业务逻辑——仅此而已。它们并不负责(甚至是意识)其他的系统级关注点,例如日志或事务支持。

容器——Spring 包含并管理应用对象的配置和生命周期,在这个意义上它是一种容器,你可以配置你的每个 bean 如何被创建——基于一个可配置原型(prototype),你的 bean 可以创建一个单独的实例或者每次需要时都生成一个新的实例——以及它们是如何相互关联的。然而,Spring 不应该被混同于传统的重量级的 EJB 容器,它们经常是庞大与笨重的,难以使用。

框架——Spring 可以将简单的组件配置、组合成为复杂的应用。在 Spring 中,应用对象被声明式地组合,典型地是在一个 XML 文件里。Spring 也提供了很多基础功能(事务管理、持久化框架集成等),将应用逻辑的开发留给了你。

MVC——Spring 的作用是整合,但不仅仅限于整合,Spring 框架可以被看作是一个企业解决方案级别的框架。客户端发送请求,服务器控制器(由 DispatcherServlet 实现的)完成请求的转发,控制器调用一个用于映射的类 HandlerMapping,该类用于将请求映射到对应的处理器来处理请求。HandlerMapping 将请求映射到对应的处理器 Controller(相当于 Action)在 Spring 当中如果写一些处理器组件,一般实现 Controller 接口,在 Controller 中就可以调用一些 Service 或 DAO 来进行数据操作 ModelAndView 用于存放从 DAO 中取出的数据,还可以存放响应视图的一些数据。如果想将处理结果返回给用户,那么在 Spring 框架中还提供一个视图组件 ViewResolver,该组件根据 Controller 返回的标示,找到对应的视图,将响应 response 返回给用户。

5.6.5.2　框架特性

强大的基于 JavaBeans 的采用控制反转(Inversion of Control,IoC)原则的配置管理,使得应用程序的组件更加快捷简易。

一个可用于从 applet 到 Java EE 等不同运行环境的核心 Bean 工厂。

数据库事务的一般化抽象层,允许宣告式(Declarative)事务管理器,简化事务的划分使之与底层无关。

内建的针对 JTA 和单个 JDBC 数据源的一般化策略,使 Spring 的事务支持不要求 Java EE 环境,这与一般的 JTA 或者 EJB CMT 相反。

JDBC 抽象层提供了有针对性的异常等级(不再从 SQL 异常中提取原始代码), 简化了错误处理, 大大减少了程序员的编码量,再次利用 JDBC 时,你无需再写出另一个“终止”(finally)模块,并且面向 JDBC 的异常与 Spring 通用数据访问对象(Data Access Object) 异常等级相一致。

以资源容器,DAO 实现和事务策略等形式与 Hibernate,JDO 和 iBATIS SQL Maps 集成。利用众多的反转控制方便特性来全面支持, 解决了许多典型的 Hibernate 集成问题,所有这些全部遵从 Spring 通用事务处理和通用数据访问对象异常等级规范。

灵活的基于核心 Spring 功能的 MVC 网页应用程序框架。开发者通过策略接口将拥有对该框架的高度控制,因而该框架将适应于多种呈现(View)技术,例如 JSP、FreeMarker、Velocity、Tiles、iText,以及 POI。值得注意的是,Spring 中间层可以轻易地结合于任何基于 MVC 框架的网页层,例如 Struts,WebWork,或 Tapestry。

提供诸如事务管理等服务的面向切面编程(AOP)框架。

5.6.5.3　框架特点

(1)方便解耦,简化开发

通过 Spring 提供的 IoC 容器,我们可以将对象之间的依赖关系交由 Spring 进行控制,避免硬编码所造成的过度程序耦合。有了 Spring,用户不必再为单实例模式类、属性文件解析等这些很底层的需求编写代码,可以更专注于上层的应用。

(2)AOP 编程的支持

通过 Spring 提供的 AOP 功能,方便进行面向切面的编程,许多不容易用传统 OOP 实现的功能可以通过 AOP 轻松应付。

(3)声明式事务的支持

在 Spring 中,我们可以从单调烦闷的事务管理代码中解脱出来,通过声明式方式灵活地进行事务的管理,提高开发效率和质量。

(4)方便程序的测试

可以用非容器依赖的编程方式进行几乎所有的测试工作,在 Spring 里,测试不再是昂贵的操作,而是随手可做的事情。例如:Spring 对 Junit4 支持,可以通过注解方便的测试 Spring 程序。

(5)方便集成各种优秀框架

Spring 不排斥各种优秀的开源框架,相反,Spring 可以降低各种框架的使用难度,Spring 提供了对各种优秀框架(如 Struts,Hibernate、Hessian、Quartz)等的直接支持。

(6)降低 Java EE API 的使用难度

Spring 对很多难用的 Java EE API(如 JDBC,JavaMail,远程调用等)提供了一个薄薄的封装层,通过 Spring 的简易封装,这些 Java EE API 的使用难度大为降低。框架优点:

①低侵入式设计,代码污染极低;

②独立于各种应用服务器,基于 Spring 框架的应用,可以真正实现 Write Once,Run Anywhere 的承诺;

③Spring 的 DI 机制降低了业务对象替换的复杂性,提高了组件之间的解耦;

④Spring 的 AOP 支持允许将一些通用任务如安全、事务、日志等进行集中式管理,从而提供了更好的复用;

⑤Spring 的 ORM 和 DAO 提供了与第三方持久层框架的良好整合,并简化了底层的数据库访问;

⑥Spring 并不强制应用完全依赖于 Spring,开发者可自由选用 Spring 框架的部分或全部。

5.6.5.4 Android 开发平台

1) Android 系统架构

Android 的系统架构和其操作系统一样,采用了分层的架构。从高层到低层分别是应用程序层、应用程序框架层、系统运行库层和 Linux 内核层。

(1)应用程序

Android 会同一系列核心应用程序包一起发布,该应用程序包包括客户端、SMS 短消息程序、日历、地图、浏览器、联系人管理程序等。所有的应用程序都是使用 JAVA 语言编写的。

(2)应用程序框架

开发人员也可以完全访问核心应用程序所使用的 API 框架。该应用程序的架构设计简化了组件的重用;任何一个应用程序都可以发布它的功能块并且任何其他的应用程序都可以使用其所发布的功能块(不过得遵循框架的安全性)。同样,该应用程序重用机制也使用户可以方便地替换程序组件。隐藏在每个应用后面的是一系列的服务和系统,其中包括:

丰富而又可扩展的视图(Views),可以用来构建应用程序, 它包括列表(Lists)、网格(Grids)、文本框(Text boxes)、按钮(Buttons),甚至可嵌入的 web 浏览器。

内容提供器(Content Providers)使得应用程序可以访问另一个应用程序的数据(如联系人数据库), 或者共享它们自己的数据。

资源管理器(Resource Manager)提供非代码资源的访问,如本地字符串、图形和布局文件(Layout files)。

通知管理器(Notification Manager)使得应用程序可以在状态栏中显示自定义的提示信息。

活动管理器(Activity Manager)用来管理应用程序生命周期并提供常用的导航回退功能。

2)平台优势

(1)开放性

在优势方面,Android平台首先就是其开发性,开发的平台允许任何移动终端厂商加入到Android联盟中来。显著的开放性可以使其拥有更多的开发者,随着用户和应用的日益丰富,一个崭新的平台也将很快走向成熟。

开发性对于Android的发展而言,有利于积累人气,这里的人气包括消费者和厂商,而对于消费者来讲,最大的受益正是丰富的软件资源。开放的平台也会带来更大竞争,如此一来,消费者将可以用更低的价位购得心仪的手机。

(2)丰富的硬件

这一点还是与Android平台的开放性相关,由于Android的开放性,众多的厂商会推出千奇百怪,功能特色各具的多种产品。功能上的差异和特色,却不会影响到数据同步,甚至软件的兼容,如同从诺基亚Symbian风格手机一下改用苹果iPhone,同时还可将Symbian中优秀的软件带到iPhone上使用、联系人等资料更是可以方便地转移。

(3)方便开发

Android平台提供给第三方开发商一个十分宽泛、自由的环境,不会受到各种条条框框的阻挠,可想而知,会有多少新颖别致的软件会诞生。

5.6.5.5　系统建设标准

相关的国际标准:

ITU-T H.323 基于TCP/IP的分组交换网(以太网、局域网)

ITU-T H.120 音频和视频的兼容性

ITU-T G.722、G711、G728 音频信号传输标准

ITU-T H.281、H.282 摄像机遥控标准

DB32/T 2617—2014　刀片服务器能效标准及节能评价

DB37/T 2480—2014　数据中心能源管理效果评价导则

相关的国家标准:

GA/T 75—94　《安全防范工程程序与要求》

GA/T 367—2001　《视频安防监控系统技术要求》

GB 50395—2007　《视频安防监控系统工程设计规范》

GB/T 29262—2012　面向服务的体系结构(SOA)术语

GB/T 29263—2012　信息技术面向服务的体系结构(SOA)应用的总体技术要求

GB/T 32393—2015　信息技术工作流中间件参考模型和接口功能要求

SJ/T 11527—2015　磁盘阵列通用规范

GB/T 32416—2015　信息技术 Web 服务可靠传输消息

GB/T 29263—2012　信息技术面向服务的体系结构(SOA)应用的总体技术要求

GB/T 28827.1—2012　中文名:信息技术服务运行维护　第 1 部分:通用要求

GB/T 28827.3—2012　信息技术服务运行维护　第 3 部分:应急响应规范

GB/T 21028—2007　信息安全技术服务器安全技术要求

GB/T 31915—2015　信息技术弹性计算应用接口

相关的行业标准:

中国信息服务标准(ITSS)白皮书

中国信息服务标准(ITSS)白皮书(第一版)

中国信息服务标准(ITSS)白皮书(第二版)

信息技术服务基础代码标标准

5.7　安全管理系统主要创新点

将计算机与地理信息系统技术充分应用于工程实际管理中,融合信息、实时采集、线上管理、风险评价等元素,实现隧道工程的可视化、动态化、精细化的安全管理模式,该项目的主要创新点如下:

(1)结合大数据与云计算技术,建立超大断面公路隧道群建设全过程数据库,融入隧道勘察、设计、施工、运营全方位数据,强调模块化,实现了界面可视化管理。

(2)基于动态风险评估方法,建立不同风险类别的评估指标体系,挖掘隧道建设全过程中的风险信息数据,依据动态风险实施框架开展风险评估,并建立了不同风险等级的接受准则和风险控制措施。

(3)基于信息远程共享和传输技术,建立了一套集视频监控、施工信息智能反馈、围岩分级、风险动态评估模块的施工精细化管理模式。

(4)基于以上元素,形成一套超大断面公路隧道群建设全过程安全管理系统,并成功应用于依托工程。

5.8　安全管理系统研究技术路线

根据依托工程的实际特点,基于“来源于依托工程,应用于依托工程”的原则,采用计算机与物联网技术,开发出一套超大断面公路隧道建设全过程安全管理系统,项目研究技术路线如图 5-5 所示。

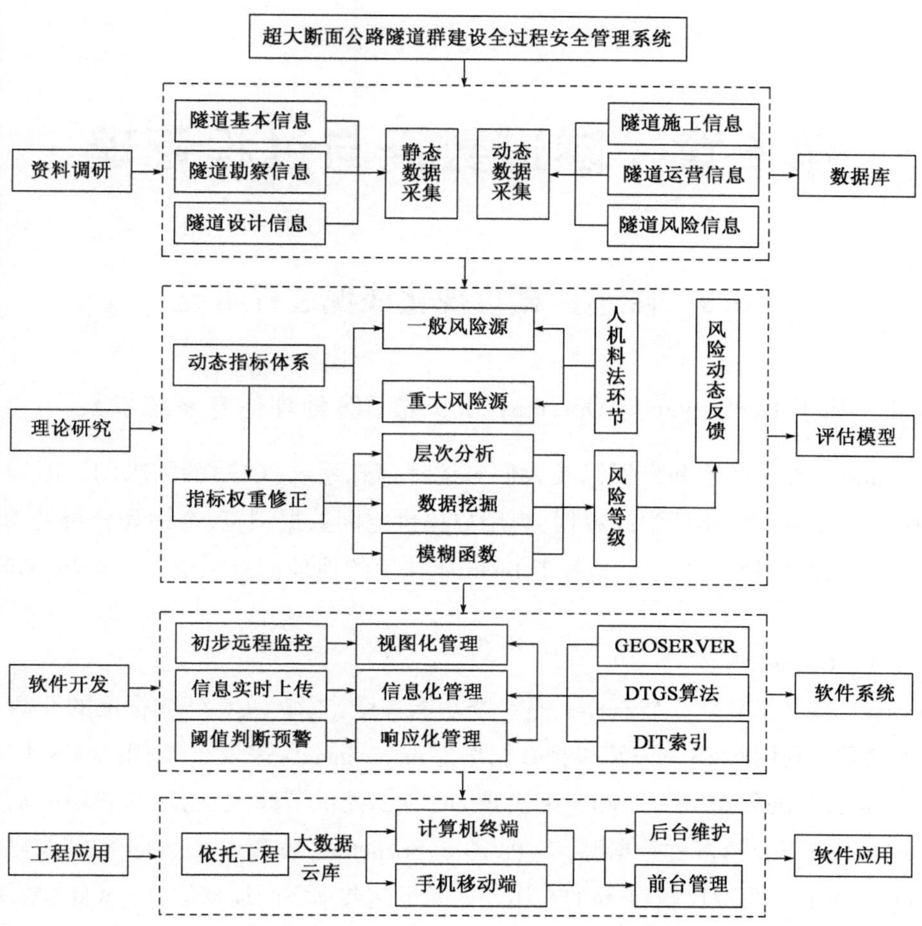

图5-5　项目研究技术路线图

第6章　隧道数据与过程管理

6.1　隧道数据可视化展现过程研究

6.1.1　基于 GeoServer 与 OpenLayers 3 的 GIS 地理信息系统框架

随着 Internet 技术的不断发展以及人们对地理信息系统(GIS)的需求的不断增加,利用 Internet 在 Web 上发布和出版空间数据,为用户提供空间数据浏览、查询和分析的功能,已经成为 GIS 发展的必然趋势[37]。于是基于 Internet 技术的地理信息系统———WebGIS 就应运而生了。

6.1.1.1　GeoServer

GeoServer,顾名思义是一个 Server,是一个功能齐全,遵循 OGC 开放标准的开源 WFS – T 和 WMS 服务器。利用 GeoServer 可以把数据作为 maps/images 来发布(利用 WMS 来实现),也可以直接发布实际的数据(利用 WFS 来实现)同时也提供了修改,删除和新增的功能(利用 WFS-T)。GeoServer 支持多种数据源,有 PostGIS、Shapefile、ArcSDE、Oracle、VPF、MySQL、MapInfo。通过 GeoServer 可以比较容 易的在用户之间迅速共享空间地理信息。WMS:WebMapService(Web 地图服务),其返回的是图层级的地图影像,利用具有地理空间位置信息的数据制作地图。其中将地图定义为地理数据可视的表现。WFS-T:WebFeatureService-Transactional(Web 要素服务),其返回的是要素级的 GML 编码, 并提供对要素的增加、修改、删除等事务操作,是对 Web 地图服务的进一步深入。

6.1.1.2　OpenLayers

GeoServer 是符合 OGCWMS/WFS/WCS 标准的地图服务器,建设一套完整的 WebGIS 系统还需要客户端配合,OpenLayers 是非常好的一个选择。采用 OpenLayers 作为客户端不存在浏览器依赖性,而且 OpenLayers 实现了类似与 Ajax 功能的无刷新更新页面,能够带给用户丰富的桌面体验。

OpenLayers 是一个用于开发 WebGIS 客户端的开源的 JavaScript 包。OpenLayers 的开源方式让精通 JavaScript 的开发人员可以自由添加自己的功能,同时轻量级保证了在商业平台上的应用不受限制。OpenLayers 实现访问地理空间数据的方法都符合行业标准。比如 OpenGISWMS(WebMappingService)和 WFS(WebFeatureService)规范。

OpenLayers 采用面向对象方式开发,并使用来自 Prototype. js 和 Rico 中的一些组件,用于在您的浏览器中实现地图浏览的效果和基本的 zoom,pan 等功能。OpenLayers 支持的地图来源包括了 WMS、GoogleMap、KaMap、MSVirtualEarth 等,也可以用自己的图片作为来源,同样 OpenLayers 也支持非常多的数据格式,有 XML、GML、GeoJSON、GeoRSS、JSON、KML、WFS 等,在这一方面 OpenLayers 提供了非常多的选择。

由于 OpenLayers 采用 JavaScript 语言实现,而应用于 Web 浏览器中的 DOM(文档对象模型)由 JavaScript 实现,这样就可以很好得将 OpenLayers 和页面的其他组件契合在一起。

6.1.1.3　基于 GeoServer 和 OpenLayers 的 Web2 GIS 实现

WebGIS 是 Web 技术和 GIS 技术相结合的产物,是利用 Web 技术来扩展和完善地理信息系统的一项新技术[38]。Geoserver 中的信息主要是以图形、图像方式表现的空间数据,并以普通数据文件的形式存储在服务器中。用户通过操作 Web 页面,调用 OpenLayers APIs 向 GeoServer 发送请求进行交互操作,对空间数据进行查询分析。主要功能有:从地图到数据———鼠标点击地图上某区域则显示该区域内的图片或其他相关信息;从数据到地图———输入查询条件,根据查询结果在地图上用不同色彩显示相关区域。这些特点,使得人们完全可以利用 Web 来寻找他们所需要的空间信息,并且进行各种操作。OpenLayers 实现的 Ajax 功能,使得人们即便是请求大数据量的空间信息数据时,也不会感到页面过度的延迟,仍然可以较流畅地与页面进行交互。

隧道安全施工全过程管理系统依据 GeoServer 和 OL3 重新架构了相应底层代码,使得独立发布地图资源更加快捷和方便。现在越来越多的 GIS 技术受到重视,开放的 GIS 地图往往因为跨域问题不能够保证数据安全和带来越来越多的访问压力。系统在保证数据安全和承受访问压力的情况下,独立保证 GIS 的方式能够最大限度地保证系统运行的稳定性与安全性。同时在利用遵循 GPL 协议和 MIT 协议的情况下最大限度地降低平台成本。具体优势如下:

(1)技术复合、低价高效;

(2)独立发布、安全稳定;

(3)系统环境、多样支持;

(4)行业标准、优化接入。

6.1.2　软硬件架构设计

6.1.2.1　硬件架构设计

针对隧道数据展示业务需求,整个平台需要接入地图服务和业务服务,能够保证良好的并发性和扩展性,并且同时支持空间数据和业务数据的接入,相关设计如图 6-1 所示。

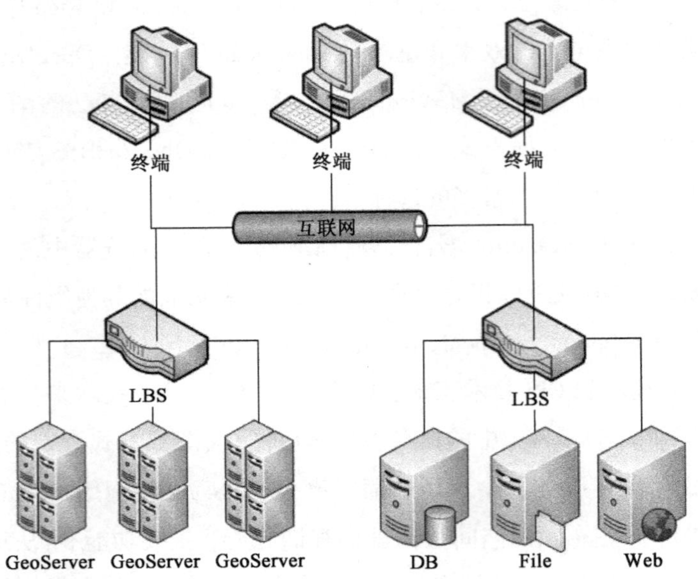

图 6-1　数据展示平台系统集成方案

系统采用了独立的地图服务器和应用服务器，其中地图服务器采用了均衡负载（LBS）进行压力分担，并采用了 GeoServer 进行地图数据服务部署，将相关的空间数据和业务数据进行隔离，同时采用独立的应用服务满足用户的业务展现需求。终端采用 OL3 和标准的 BS 结构同时接入地图服务和业务服务，同时针对不同的数据进行渲染和绘制。针对空间数据采用 SDL 空间样式表进行渲染，并对业务数据采用 OL3 进行渲染最终达到数据展示的目的。

6.1.2.2　软件架构设计

针对空间业务数据可视化，整体软件框架主要分为三大部分：

（1）业务数据系统：业务数据平台主要提供相应的可视化数据，例如传统的个人定位信息，边界数据显示，区域面积显示，动画迁移效果等。业务系统主要为传统的空间数据平台提供标示数据，提供详细的 GPS 坐标定位和相关业务流程的可视化数据，例如表单，表格和相关关联关系。

（2）空间数据服务器开发：空间数据服务器主要提供 GIS 中的地图空间数据，包含空间数据的存储、发布、分割和相关矢量数据的渲染方式。通过研究提供三种数据渲染方式，采用 SLD 数据渲染和实时样式数据渲染两种方式，既保证了数据可视化的效率，同时也保证了数据可视化的独立性和满足业务数据的特殊需求。

（3）前台页面展现开发：采用 OL3 对地图数据进行接入，并根据传统的 HTTP 请求获得业务数据后在空间数据中进行展现，采用 SLD 和实时样式表对数据进行渲染和可视化，最终满足整体业务数据和空间数据的可视化需求。

整体平台系统的软件数据流程如图 6-2 所示。

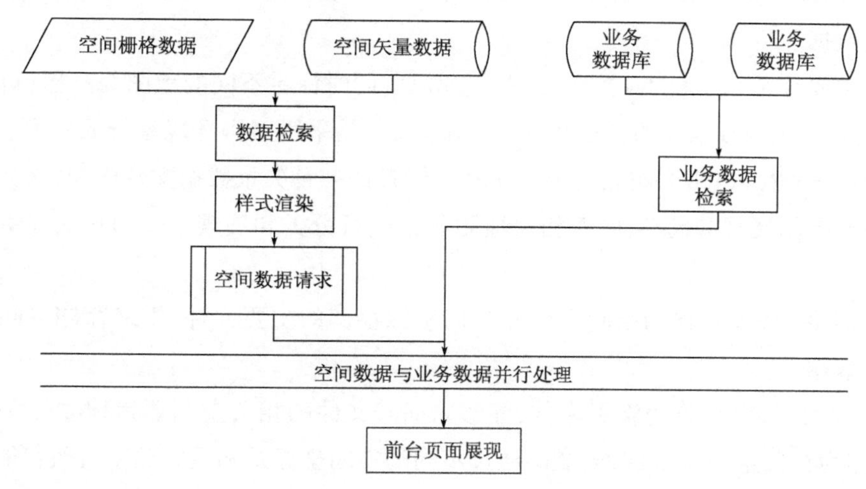

图 6-2 数据展示平台数据流程

6.1.3 地图服务的建立

针对整个平台,首先需要发布空间数据服务器,该服务器能够提供常规业务数据的展现,处理矢量数据的检索、展现、发布和空间数据定位功能,采用 GeoServer 发布整个空间数据服务器。

GeoServer 能够通过 http://www.geoserver.org/官方网站进行下载,相关下载路径和源代码都可以通过官方网站进行下载以及安装,安装 GeoServer 过程中可以建立管理员用户名和密码,同时可以建立相关访问接口。GeoServer 发布版本中采用独立安装和 War 包方式进行服务,方便各种中间件进行发布,GeoServer 能够满足常用的中间件(tomcat、jetty、weblogic、websphere 等),采用独立安装包,建立地图服务,访问端口采用 10903,地图服务器登录后可以进行空间数据发布,相关标准例如 WCS、WFS、WMS、TMS、WMS-C、WMTS 等服务都可以在后台进行发布处理。

GeoServer 首先确定地图数据目录,GeoServer 可以通过文件、数据等多种方式进行空间数据发布,其次针对大规模并发可以对相关 JVM 内存进行调试和优化,相关线程序池和内容可以通过服务状态进行调整。服务器可支持的格式有矢量数据源和栅格数据源两种方式。

6.1.3.1 矢量数据发布过程

矢量地图数据是空间 GIS 地理信息系统获取相关地理数据的一种方式。所谓的矢量数据就是能够把相关地图栅格数据转化成矢量数据的过程，通过地图成像将栅格图像转化为点阵数字图像，将曲线、标注、线段、面等多种类型进行数字化，GeoServer 通常支持 ShapeFiles 类型的地图矢量数据。

本课题主要采用 ShapeFiles 这种地图矢量数据，同时针对不同的地图服务器，也可以建立 Oracle、MySQL 等多种数据库的矢量数据库。shp 文件是采用美国环境系统研究所公司（Environmental Systems Research Institute, Inc. ESRI）设计的一种矢量数据文件格式，该文件能够将矢量数据进行空间展现和储存，针对相关地图要素进行分类和展现[39]。shp 文件主要包含以下几种类型：

（1）shp 文件：该文件作为空间坐标和几何坐标存储的主要文件，用来存储空间地图坐标和相关矢量数据。

（2）shx 文件：该文件作为索引文件，能够将 shp 文件的相关空间要素建立相关的隶属和索引关系，作为相关空间要素数据，能够通过不同的空间坐标系和投影关系对所存储的矢量数据进行检索和查找。

（3）dbf 文件：该文件作为基本数据库关系文件，采用了 DBase 方式存储空间要素中的各种属性，并且能够针对相关的空间文件进行存储和转化。

采用了 shp 文件进行空间地图数据发布，能够将边界、相关数据进行展现，并发布 WFS。相关效果图如图 6-3 所示。

6.1.3.2 栅格数据发布过程

栅格数据类似于传统的纸质地图，其数据通过采用各种比例尺和专业彩色地图来配置成标准的数字地图产品。不同比例值的地图能够通过扫描、集合矫正后，形成与实际地形图保持一致的栅格数字地图文件。上个数据能够通过给定的空间间距排列和固定比例尺，丰富地展现相关实际地形地貌。例如常用的谷歌卫星地图，就是通过高程、遥感、航拍等方式，按照一定的比例尺发布出来的栅格数据。栅格数据一般用固定的投影方式进行划分，也就是地图比例尺，通常这种比例尺下还需要计算器相应的投影方式，也就是地图坐标系与图像中的对应关系，下面首先介绍相关的地图坐标系和投影方式。

（1）EPSG 空间坐标系简介

EPSG：European Petroleum Survey Group（EPSG），其官方网址为 http://www.epsg.org/，该组织成立于 1986 年，EPSG 在 2005 年进行了重组，然后更名为 OGP（Internation Association of Oil & Gas Producers），该组织负责空间坐标参照系统的数据集参数并进行维护和发布。通常我国采用的有西安坐标系，也就是大地坐标系，针对一般定位坐标信息需要坐标转换。所以课题采用了 EPSG：4326 坐标系，该坐标系与 GPS 坐标定位中的 WGS1984 定位一致，能够进行相关的数据关联而不需要坐标转换。EPSG：4326 是一种坐标系建立方式，其建立标准为，针对现有的椭球体、投影坐标系等不同的组合，产生不同的 ID 号，相关还有 90013（谷歌坐标系）

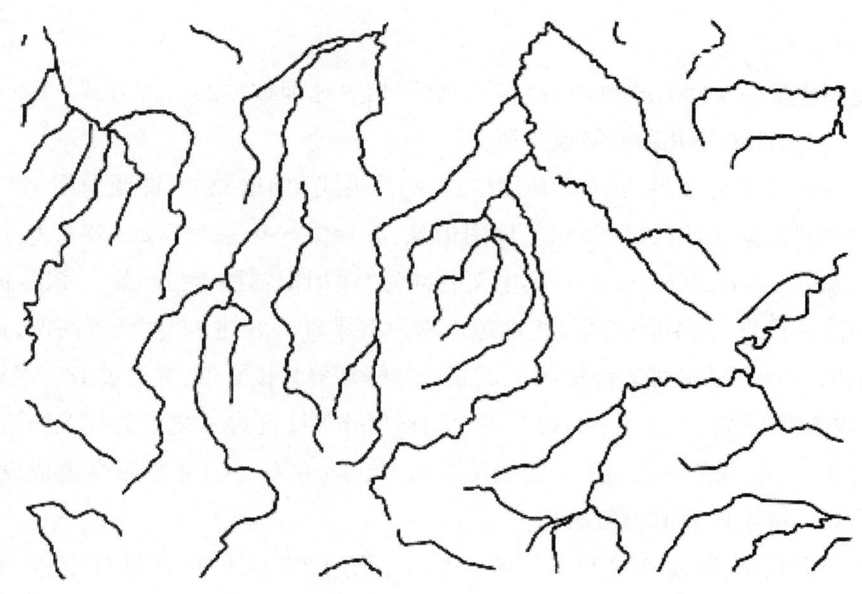

a)水文边界数据发布类型

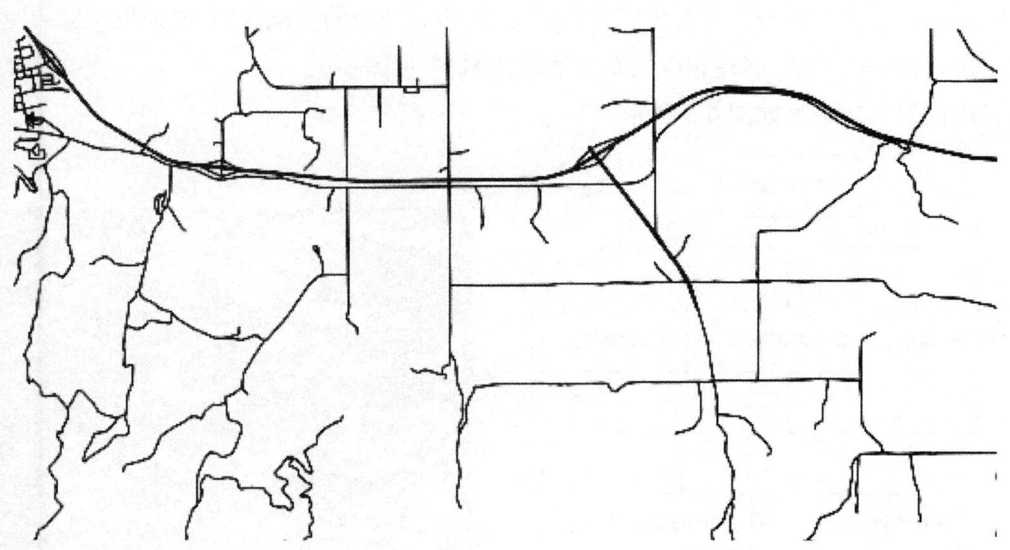

b)道路边界数据发布类型

图 6-3　边界数据发布类型

等，该ID被称作EPSG code，EPSG：4326代表WGS1984空间单位、地理坐标系或投影坐标系等信息。

（2）栅格数据发布

栅格地图数据是空间GIS地理信息系统获取相关地理数据的一种方式。GeoServer通常支持ArcGrid、GeoTIFF等几种栅格数据类型。

GeoServer数据能够支持ArcGIS地图格式、图片模式和Tiff格式，课题采用Tiff格式，该格式能够包含空间数据、位置数据和相关地图信息，其相关坐标系为WGS1984，其中包含UTM投影（Universal Transverse Mercator），其中文名称为“通用横轴墨卡托投影”，该坐标系是通过等角横轴割圆柱投影，其相应的圆柱将地球切割为南纬80°、北纬84°两条等高圈，该投影将北纬84°和南纬80°中间的地球表面按照6°的划分间隔划分为投影带，并通过180°经线开始进行投影编号，整体编号范围为1至60，每个带之间再划分为纬度为8°之差的相关四边形，中央经线相关比为0.9996，两条纬线与中央经线距离为180km左右。UTM投影会造成投影偏移，其中北半球为0而南半球为10 000公里。

针对该地图数据，其发布流程如图6-4所示，采用Tiff文件格式进行发布，采用EPSG：4326空间地图坐标系，该坐标系由于对应GPS定位经纬度，而且相应的坐标系统能够直接进行标注，无需进行空间数据转换。由于Tiff文件格式自带空间坐标系，地图服务器在发布空间数据图层时能够检测相应的图层划分范围，并针对相应的空间样式表进行直接渲染，例如高层样式需要进行分辨率划分。针对投影变换坐标系，定义相应的分割级别，并采用相应的空间数据金字塔进行分割，最终展现相应的空间地图数据，参见图6-4。

相应的发布后数据如图6-5所示。

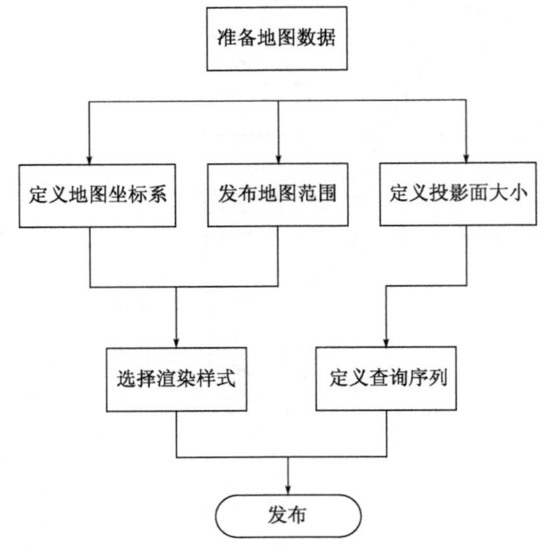

图6-4　栅格数据发布流程

图6-5　发布后的空间地图效果

本文详细描述地图发布过程中的关键技术和实现方式,其相应的地图发布过程中的样式表渲染、地图缓存和CQL查询过程并给出其实现方式和相关标准。

6.1.3.3 业务数据的展现

采用Openlayers3对地图数据和业务数据进行展现。OL3是纯面向对象编程,其相关核心组件为Map(ol.map)。该对象被呈现在target容器中,例如(页面中的div元素)。所有的空间数据属性和渲染数据都可以通过地图创建初始化时进行配置,如果初始化后仍需要调整仍可以通过setter方法进行调整。对于整个OL3,所有数据都作为对象存在,其中OL3核心容器为Map,包含所有的空间矢量数据和栅格数据。针对栅格数据,需要同时定义样式表、数据源和发布图层,就能够在同一Map下或者不同Map下展示电子地图和卫星栅格地图。一般来说卫星和航拍地图为栅格数据。而矢量数据则可以根据样式表进行渲染,从而发布成电子地图。针对不同的图层,可以分别建立相应渲染样式矢量,例如散点矢量、线段矢量、面积矢量,并且能够根据CQL的查询结果进行矢量渲染。整个OL3发布展现过程为:首先确定渲染样式;其次建立渲染矢量或者栅格矢量对象;再次请求数据源;生成图层矢量;最终加载到相关地图中,对地图Z轴进行编辑,通过多种图层叠加,最终形成数据专题展现方式。

不仅如此,OL3对业务数据展现可以通过不同的特征源进行统一加载,也可以通过不同的特征矢量对象进行统一加载,其加载方式为从下到上为多对一关系。从而针对数据展现页面可以形成数据金字塔结构,针对大数据下各种维度、各种描述采用不同的样式,不同的特征源,不同的特征对象,最终整合成一种图层,统一进行加载,用以满足业务数据可视化需求。而这种金字塔结构也能够满足大数据例如Hadoop等非关系型和关系型数据存储。通过这种金字塔,OL3能够进一步进行大数据的可视化展现。不仅如此,OL3还能够联合D3js(大数据可视化脚本库)进行联合展现。

1)空间地图接入

整体OL3遵循面向对象过程编程,相应的包含方式由Map、View、Layers、Source、Feature、Style组成,其OL3整体展现方式如图6-6所示。

由上述流程可知,无论业务数据如何进行展现,首先需要确定其渲染样式表,针对不同的业务数据,采用了SLD层级样式描述器进行图层渲染,后续会详细给出三种方式的渲染流程。确立数据渲染样式后,需要针对不同的业务数据进行矢量化创建。当创建矢量对象后,才能加载到矢量特征源中,一个特征对象有且只有一种特征源,针对不同的业务数据,需要建立多种特征源时,这里就引入了特征对象,一个特征展示专题图中包含多种特征对象,特征对象是对一种特征描述的集合。由于OL为面向对象,所以针对整个特征图层对象,可以加载多个特征对象进行展示,而一个地图对象可以加载多个图层进行层叠渲染和展现,这种倒立金字塔结构能够将大量的非关系型数据进行抽取,并形成多种特征集进行渲染,最终给出用户需要的专题数据统计页面。

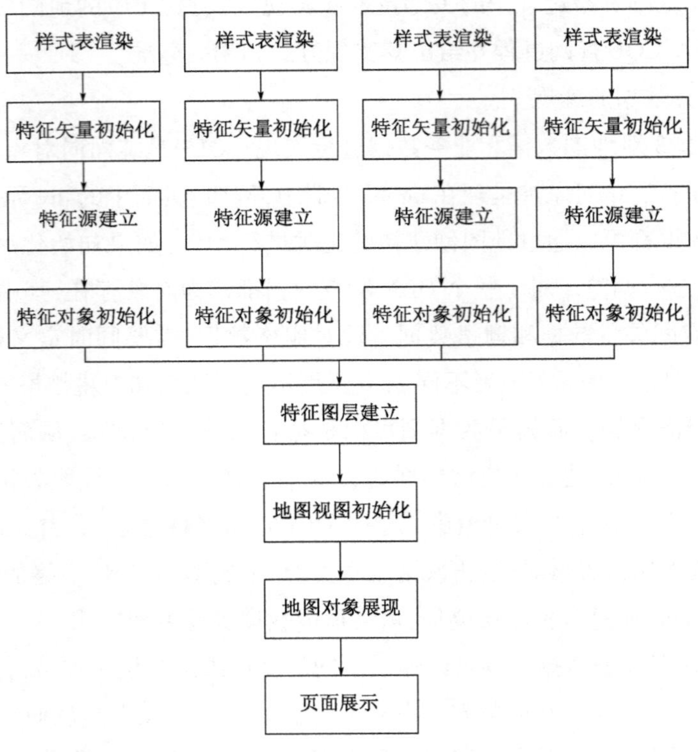

图 6-6　空间数据接入流程

由于 OL3 中的 Map 对象是操作、属性、点选等所有类集合，所以地图需要标记、样式表和初始化代码才能够进行展示，以下是一个完整的地图接入实例：

```
<! doctype html>
    <html lang="en">
    <head>
    <link rel="stylesheet" href="ol3/ol.css" type="text/css">
    <style>
        #map {height: 256px; width: 512px;}
    </style>
    <title>地图接入实例(基于 GIS 数据展示平台设计与开发)</title>
    <script src="ol3/ol.js" type="text/javascript"></script>
    </head>
    <body>
    <h1>济南市地图数据接入</h1>
    <div id="map"></div>
```

```
<script type = "text/javascript" >
var map  =  new ol. Map( {
        target: 'map',
        layers: [
new ol. layer. Tile( {
            title: "济南市",
            source:new ol. source. TileWMS( {
              url: 'http://202. 194. 78. 52:8080/geowebcache/service/wms',
              params: {LAYERS: 'JNEdge', VERSION: '1. 1. 1'}
            })
          })
        ],
        view:new ol. View( {
          projection: 'EPSG:4326',
          center: [105,26],
          zoom:17,
          maxResolution: 0. 703125
        })
      });
    </script>
    </body>
</html>
```

该地图采用 OL. map 对地图服务进行创建，其相应的 source 给出地图服务器地址和请求图层的内容以及数据传输方式和版本号，下文会继续给出样式表的撰写方式和数据传输标准，OL. View 给出空间坐标系展现方式，其投影方式如上述所示，描述了重点坐标点位的经纬度、放大倍数以及相关比例尺分辨率。

2)数据展现方式

由上述所示，当空间地图发布后，相应的地图数据通过 OL3 进行展现后，需要对业务数据进行展现，其展现方式可以通过硬件网络拓扑结构获得，当前台将地图服务器数据请求发送到地图服务器后，请求空间地图数据，然后根据业务需求请求应用服务器对业务数据进行展现。采用轻量级的 GeoJson 数据格式进行业务数据的传输和展现。

(1)数据展现流程

当页面加载地图服务资源后,相应的业务数据加载需要针对获得的 GeoJson 数据进行绘制,其主要流程如图 6-7 所示。

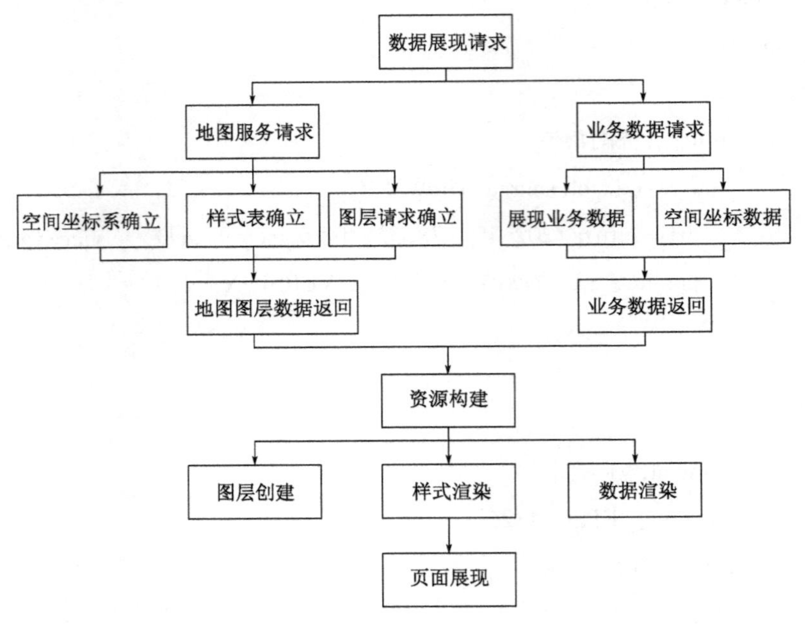

图 6-7　数据展现流程

首先由页面端发起 HTTP 请求,该请求详细例子会在后面详细给出,其包含的参数能够满足相关空间数据展现业务需求。针对该空间数据请求,可以同时请求相应的业务数据,该业务数据不仅仅包含传统的数据库业务数据,而且能够采用离散文件数据集进行索取,例如 Json 文件、KML 文件、GML 文件等,用以满足大数据集合下的各种非关系型数据集合的业务索取,满足大数据 hadoop 等多种业务数据格式的查询索引请求。不仅如此,地图服务请求能够根据相关参数检索空间坐标系和样式表,并根据所请求的图层直接在服务端内存中完成图层样式集的渲染,最终通过 json 格式的数据传输完成地图图层的展现。而业务数据能够在完成传统的逻辑排查后,建立整个特征数据源,最终在页面中形成多图层、多数据业务展现方式。

(2)数据交互方式

上文给出了矢量数据发布形式,而采用矢量数据可以满足用户针对业务数据和空间数据的交互,下面会给出相应的空间业务数据展现方式和流程,其流程数据如图 6-8 所示。

矢量数据同时加载空间数据渲染样式,并初始化交互接口,同时还能够根据空间数据过滤业务,例如 CQL 查询,将整体的空间矢量数据进行筛选和加载,最终对筛选后的空间数据进行样式渲染和交互请求过滤后在前台展示。

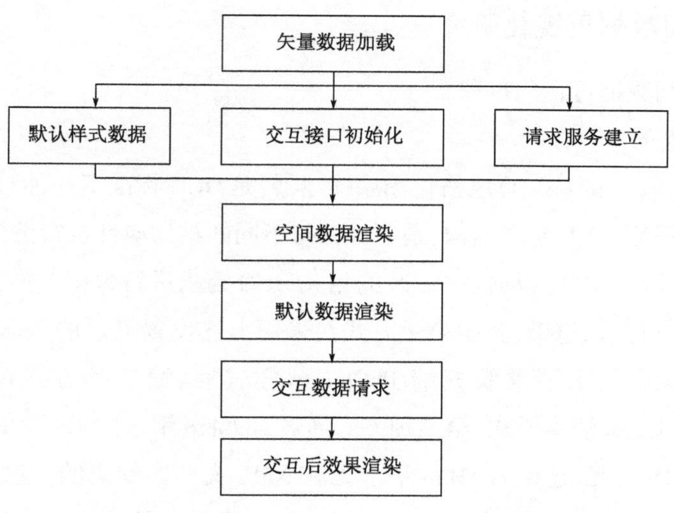

图6-8　数据交互流程

在OL3中，采用ol. interaction. Interaction接口处理相关用户数据交互，以选择要素为例，其相应的数据接口为ol. interaction. Select，其主要实例如下所示。

```
interactions: ol.interaction.defaults().extend([
        new ol.interaction.Select({
            style:new ol.style.Style({
              image:new ol.style.Circle({
                radius: 5,
                fill:new ol.style.Fill({
                  color: '#FF0000'
                }),
                  stroke:new ol.style.Stroke({
                    color: '#000000'
                  })
                })
              })
            })
```

6.1.4 空间数据可视化研究

6.1.4.1 空间数据可视化过程

1)渲染技术简介

Styled Layer Descriptor(SLD)风格化图层描述器,是 OGC 标准下一种对于空间样式的渲染方式,其整体样式采用 XML 层次结构,是一种针对不同的结构属性进行渲染的样式表结构体。SLD 样式表作用于服务端,可以通过 WMS 的相关 OGC 请求进行数据渲染,针对相应的服务端一般有三种方式进行数据渲染,其中第一方式在采用上述设置汇总的 Style 名称中进行检索,例如 Style:JNCounty,表示请求服务端 JNCounty 样式表,第二种方式可以在请求中加入 SLD_BODY 定义自定义渲染样式,第三种方式通过 GetMap 请求的 HTTP POST 和包含一个嵌套的 SLD 来与 WMS 交互,这个 GetMap 请求是在 XML 文档中编码的。这三种方式各有优缺点,其中按照时间复杂度进行排列为 1、3、2,而对于业务展现灵活度恰恰相反,其相应展现形式排列为 2、3、1。所以针对散点图采用第一种渲染样式,而密度图采用第二种样式。对于复杂的动画效果采用了第三种方式进行渲染。

2)渲染方式设计与开发

上面描述 SLD 三种渲染样式,下面将会给出三种样式具体渲染过程和渲染结果:

第一种方式能够将 SLD 请求样式表名称包含在显影的 URL 请求中,该请求完整实例会在后面给出,HTTP 请求完全遵循 OGC 标准,针对不同的参数,能够详细支持请求服务类型、版本号、请求模式、数据来源、边界、样式定义、边界定义、样式定义、空间过滤点阵宽度、高度、格式化数据方式以及其他,详细参数由后面中给出,以下不再详细描述。并给出其相应的参数。

```
http://220.194.68.93:10903/WMS?
VERSION = 1.0.5&
REQUEST = GetMap&
SRS = EPSG%3A4326&
BBOX = 0.0,0.0,1.0,1.0&
SLD = http%3A%2F%2220.194.68.93:10903%2JNCounty.xml&
WIDTH = 400&
HEIGHT = 400&
FORMAT = PNG
```

如上例所示:该方式可以通过事先存储在地图服务器上的样式表进行调用渲染,渲染速度快,能够直接调用样式表和空间数据,其相应流程如图 6-9 所示。

第二种方式将请求样式添加到 HTTP 请求参数中，具体存放位置为 SLD_BODY，如下例所示。

```
http://220.194.68.93:10903/WMS?
    VERSION = 1.0.5&
    REQUEST = GetMap&
    SRS = EPSG%3A4326&
    BBOX = 0.0,0.0,1.0,1.0&
    SLD_BODY = %3C%3Fxml + version%3D%221.0%22 + encoding%3D%22UTF - 8%22%3F%3E%3C! DOCTYPE + StyledLayerDescriptor + SYSTEM + %22http%3A%2F%2Fsom.site.com%2Fsld%2Fsld_072.xsd%22%3E%3CStyledLayerDescriptor + version%3D%221.0.0%22%3E%3CNamedLayer%3E%3CName%3ERivers%3C%2FName%3E%3CNamedStyle%3E%3CName%3ECenterLine%3C%2FName%3E%3C%2FNamedStyle%3E%3C%2FNamedLayer%3E%3CNamedLayer%3E%3CName%3ERoads%3C%2FName%3E%3CNamedStyle%3E%3CName%3ECenterLine%3C%2FName%3E%3C%2FNamedStyle%3E%3C%2FNamedLayer%3E%3CNamedLayer%3E%3CName%3EHouses%3C%2FName%3E%3CNamedStyle%3E%3CName%3EOutline%3C%2FName%3E%3C%2FNamedStyle%3E%3C%2FNamedLayer%3E%3C%2FStyledLayerDescriptor%3E
    WIDTH = 400&
    HEIGHT = 400&
    FORMAT = PNG
```

该方式能够自定义渲染方式，可以对请求获得后的业务数据进行实时渲染，渲染方式灵活，而且在针对不能使用 POST 的客户端也能使用该方法，其相应渲染流程如图 6-10 所示。

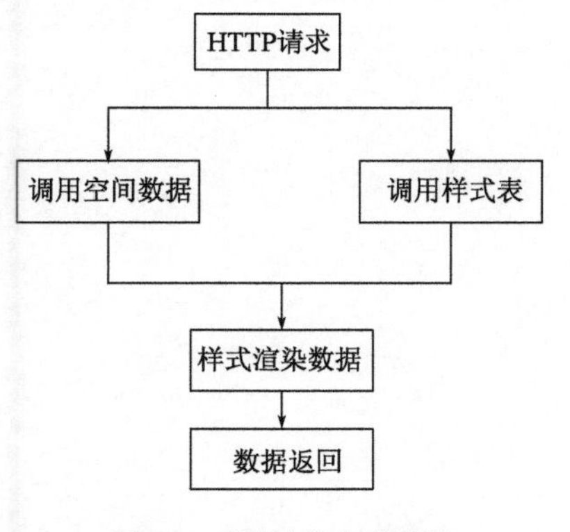

图 6-9　直接渲染方式流程

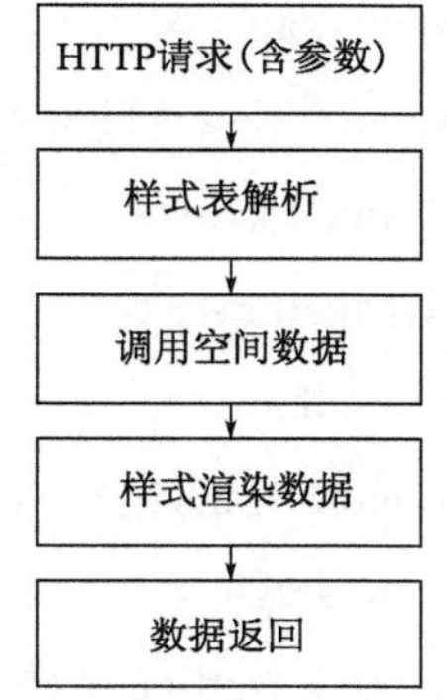

图 6-10　请求渲染方式流程

该方法比较灵活，能够适应各种场景，但是HTTP请求往往受字符串长度限制，不能够完全包含样式表中所有内容，并且样式解析往往会比固定文件内存解析时间复杂度耗费高，所以往往针对临时渲染会采用该方式。

第三种方式比较前两种，能够在满足样式渲染的条件下根据渲染文件对相关内容请求进行更新，即实时更新样式表文件重新进行地图渲染，这种方式既考虑时间复杂度，也同时能够满足相应的URL字符长度不够带来的请求不成功问题。例如将POST请求换算成XML编码，如下例所示。

```
<? xml version = "1.0" encoding = "UTF - 8"? >
<! DOCTYPE GetMap
SYSTEM "http://some. site. com/wms/GetMap. xsd" >
<ogc:GetMap xmlns:ogc = "http://www. opengis. net/ows"
xmlns:gml = "http://www. opengis. net/gml"
env:encodingStyle = "http://www. w3. org/2001/09/soapencoding"
version = "1.2.0" service = "WMS" >
<StyledLayerDescriptor version = "1.0.0" >
<NamedLayer >
<Name > Rivers </Name >
<NamedStyle >
<Name > CenterLine </Name >
</NamedStyle >
</NamedLayer >
<NamedLayer >
<Name > Roads </Name >
<NamedStyle >
<Name > CenterLine </Name >
</NamedStyle >
</NamedLayer >
<NamedLayer >
<Name > Houses </Name >
<NamedStyle >
<Name > Outline </Name >
```

```
</NamedStyle>
</NamedLayer>
</StyledLayerDescriptor>
<BoundingBox
srsName="http://www.opengis.net/gml/srs/epsg.xml#4326">
<gml:coord>
<gml:X>-180.0</gml:X>
<gml:Y>-90.0</gml:Y>
</gml:coord>
<gml:coord>
<gml:X>180.0</gml:X>
<gml:Y>90.0</gml:Y>
</gml:coord>
</BoundingBox>
<Output>
<Format>image/jpeg</Format>
<Transparent>false</Transparent>
<Size>
<Width>1024</Width>
<Height>512</Height>
</Size>
</Output>
<Exceptions>application/vnd.ogc.se+xml</Exceptions>
</ogc:GetMap>
```

其相应的流程如图 6-11 所示。

根据业务实际情况，分别采用了上述三种模式，其主要渲染方式需要根据实际业务数据渲染方式进行分类，如果依赖于该业务图层（例如请求所有行政边界）在该 HTTP 请求中，那么该 HTTP－GET 方法会具有实用性；如果不是根据图层渲染，而是根据散点进行渲染，那么 SLD_BODY 样式会更高效；如果针对图层进行大面积渲染时需要局部修改。

6.1.4.2　地图缓存（GWC）设计

对于整体地图坐标系，往往地图数据过大，例如 19 级地图 1∶200 地图，整个中国大约在 1

个 PB 左右,大规模的栅格数据统一加载不现实,所以针对有效的地图大数据需要进行切割,并建立请求缓存机制,便于数据坐标定位和栅格数据加载。OGC 相关标准注明通过 getURL(bound)来获取相应的请求地址,根据客户端请求范围对于相应的图片进行加载,其图片分割算法如图 6-12 所示。

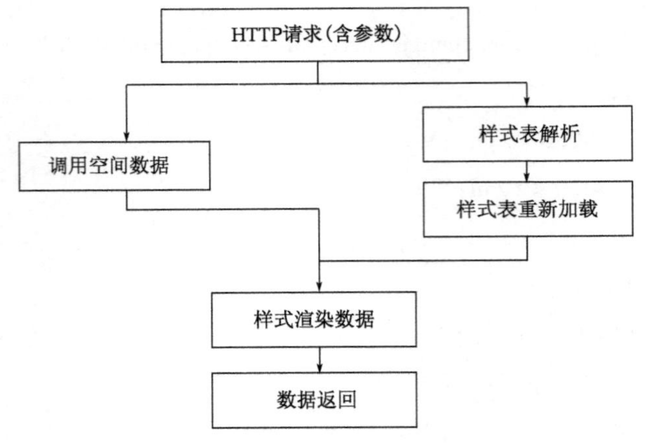

图 6-11　混合渲染方式流程

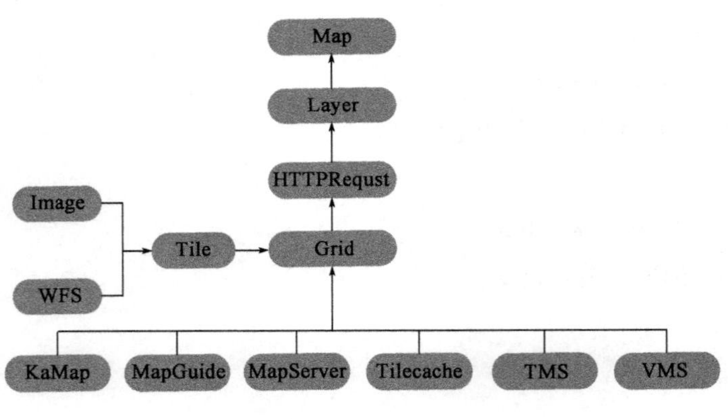

图 6-12　地图分割流程

根据该算法,首先需要将地图投影数据投影相关坐标系,采用 EPSG:4326 坐标系,相关经纬度和范围大小存储在 Tiff 文件格式下,并针对相应的范围按照 EPSG:4326 投影方式进行切割。EPSG:4326 采用球墨卡托方式,针对正负东西经度各 0 – 180°按照北纬 85°和南纬 85°进行四叉树分割,将相关的正负南北纬 85°简要约束成正矩形,按照 0.5 的比率进行投影和分割,整个世界的地图图层分割大约为 20 级(更好级别为军方采用方式,一般采用航拍方式,不计入栅格数据投影方式)。下面将实际举例相关投影算法。

如图 6-13 所示,其中第一级 t 代表整个世界地图,并根据现有坐标系进行四叉树分割,tq、tr、ts、tt 分别代表左上、右上、右下和左下,而第三部分又继续将 q、r、s、t 继续进行分割,整体分割图例如下。

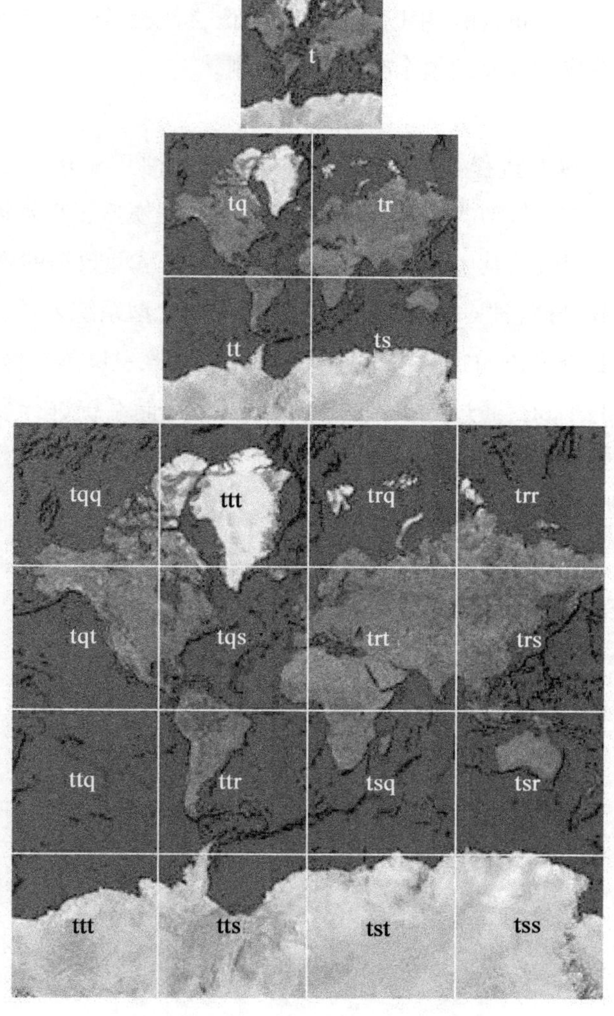

图6-13　地图分割流程

该分割算法能够按照固定经纬度进行图像分割，所建立的金字塔索引模型能够很好地对整个地球进行栅格化。所谓的栅格数据其实就是一种离散化展现形式。栅格化类似于像素划分，该算法能够将整个地球划分成很小的索引部分，通过经纬度换算将整个地球所有位置精确化。这种方式就给加载带来了缓存机制，下面将详细介绍空间索引机制，该机制就是根据整个空间栅格化算法进行空间范围点选。而且对于已经栅格化的图像，能够根据索引模型将相关图形进行替换和修改，这就为日常运维工作提供了方便。以下将在栅格化的基础上，详细描述空间数据过滤，定位等整体过程。

6.1.4.3　空间索引机制设计

常见的地图服务数据不仅能够通过相应的地图数据进行展示和划分，而且能够满足日常业务数据的展现要求。针对上述情况，Cassandra Query Language-CQL 可以通过非关系型数据文件例如（Shp 文件）进行空间索引，用以满足空间定位，行政区划，散点标示，热力渲染等数据过滤和展现需求。下面将详细介绍整个空间索引机制。

1）检索引擎简介

CQL 是一种类似于 SQL 过程查询语句，Cassandra 是一种开源分布式的 NoSQL 数据库，支持相应的非关系型数据库。针对大数据查询，非关系型数据模型越来越得到重视，而该查询系统最初用 FaceBook（FB）开发，其中 CQL 广泛用于各种非关系型数据的查询和修改，该数据模型从 2008 年开始由 FB 开源，被 Geoserver、Digg、Twitter 等大型系统采纳，成为一种流行的分布式数据存储方案。CQL 查询语句主要基于 Cassandra 引擎，该引擎是一种混合型非关系查询引擎，类似于 Google 的 BigTable，通过分布式的 Key－Value 存储系统进行数据的检索和查询，能够支持理算数据结构，而 Key-Value 样式又非常类似 json 格式，所以 GeoServer 根据 CQL 查询引擎提出了 GeoJson 数据查询样式。

2）CQL 索引建立过程

采用的地图服务数据，如图 6-14 所示，能够以列表的形式进行数据展现，而根据服务请求中的 CQL 可以建立数据检索引擎，相关代码如下实例。

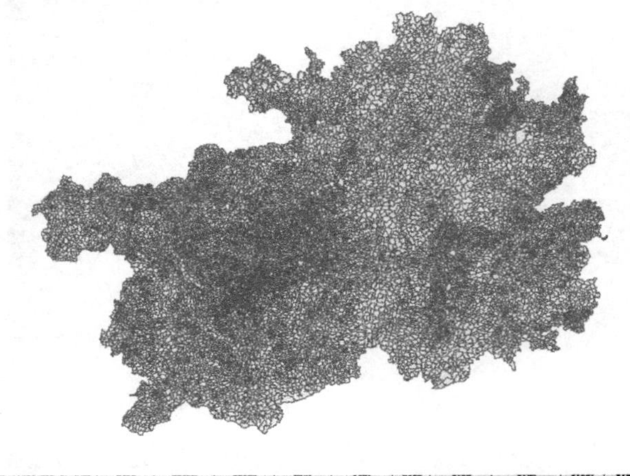

FID	Shap	OBJ	FID_1	BSM	YSDM	XZQDM	XZQMC	XZMJ	JSMJ	MSSX	XJDM	XJMC	XJDM1	XJMC1	DQDM
0	面	1	11809	614887	1000600100	522301114211	补打村	17528989.74	17528989.74	00	522301114	清水河镇	522301	兴义市	5223
1	面	2	11816	614890	1000600100	522301114202	新场村	19762541.67	19762541.67	00	522301114	清水河镇	522301	兴义市	5223
2	面	3	12313	726806	1000600100	520222105205	上寨村	7271040.7	7271040.7	00	520222105	大山镇	520222	盘县	5202
3	面	4	12323	726807	1000600100	520222105209	膏土村	6445463.22	6445463.22	00	520222105	大山镇	520222	盘县	5202
4	面	5	12324	726808	1000600100	520222113220	乐民镇林场	369605.95	369605.95	00	520222113	乐民镇	520222	盘县	5202
5	面	6	14276	726832	1000600100	520222200205	梁山堡村	6988045.40	6988045.40	00	520222200	忠义乡	520222	盘县	5202
6	面	7	15455	614900	1000600100	522301114215	金星村	20591786.98	20591786.98	00	522301114	清水河镇	522301	兴义市	5223
7	面	8	15456	614889	1000600100	522301114217	猪场河水库	1080952.18	1080952.18	00	522301114	清水河镇	522301	兴义市	5223
8	面	9	15461	614899	1000600100	522301114201	新丰村	15200876.67	15200876.67	00	522301114	清水河镇	522301	兴义市	5223
9	面	10	15472	614911	1000600100	522301112212	大坪村	34379475.31	34879475.31	00	522301112	马岭镇	522301	兴义市	5223
10	面	11	15490	614998	1000600100	522301004211	坝缘村	10069672.2	10069672.2	00	522301004	下五屯街道办事处	522301	兴义市	5223
11	面	12	15492	614993	1000600100	522301004203	科佐屯村	2583120.56	2583120.56	00	522301004	下五屯街道办事处	522301	兴义市	5223
12	面	13	15494	614997	1000600100	522301004215	纳山村	7199822.64	7199822.64	00	522301004	下五屯街道办事处	522301	兴义市	5223
13	面	14	15497	614995	1000600100	522301004221	栗家屯村与科佐	398980.36	398980.36	00	522301004	下五屯街道办事处	522301	兴义市	5223
14	面	15	15500	615006	1000600100	522301002221	红井村	8310973.31	8310973.31	00	522301002	桔山街道办事处	522301	兴义市	5223
15	面	16	15502	615020	1000600100	522301002224	赵家渡村	18118485.09	18118485.1	00	522301002	桔山街道办事处	522301	兴义市	5223
16	面	17	15504	615001	1000600100	522301004207	鱼龙村	5507189.21	5507189.21	00	522301004	下五屯街道办事处	522301	兴义市	5223
17	面	18	15549	726789	1000600100	520222113211	崖家坡村	10636621.99	10636621.99	00	520222113	乐民镇	520222	盘县	5202
18	面	19	15550	726790	1000600100	520222113215	威箐村	3324882.56	3324882.56	00	520222113	乐民镇	520222	盘县	5202
19	面	20	15560	726823	1000600100	520222105208	古都村	9957306.53	9957306.53	00	520222105	大山镇	520222	盘县	5202
20	面	21	15572	726824	1000600100	520222113212	鲁底村	4813945.73	4813945.73	00	520222113	乐民镇	520222	盘县	5202
21	面	22	15579	726825	1000600100	520222111204	马场村	10449048.69	10449048.69	00	520222111	响水镇	520222	盘县	5202
22	面	23	15580	276268	1000600100	522323205205	兴隆村	14146107.29	14146107.29	00	522323205	雪浦乡	522323	普安县	5223
23	面	24	15688	726718	1000600100	520222107212	老厂镇林场	279096.94	279096.94	00	520222107	老厂镇	520222	盘县	5202
24	面	25	15704	726756	1000600100	520222104218	田屋居村	6051581.01	6051581.01	00	520222104	民主镇	520222	盘县	5202
25	面	26	15705	726759	1000600100	520222104207	帆德村	10539884.61	10539884.61	00	520222104	民主镇	520222	盘县	5202
26	面	27	15706	726760	1000600100	520222104202	谭家寨村	4254899.65	4254899.65	00	520222104	民主镇	520222	盘县	5202
27	面	28	15709	276258	1000600100	522323205202	隆上村	25284319.23	25284319.23	00	522323205	雪浦乡	522323	普安县	5223
28	面	29	15712	726761	1000600100	520222113202	山宝村	3264129.85	3264129.85	00	520222113	乐民镇	520222	盘县	5202
29	面	30	15715	726762	1000600100	520222107207	岩峰村	10714917.67	10714917.67	00	520222107	老厂镇	520222	盘县	5202
30	面	31	15724	726817	1000600100	520222104212	雨打河村	5782945.51	5782945.51	00	520222104	民主镇	520222	盘县	5202
31	面	32	15725	726818	1000600100	520222105211	小寨村	7692672.29	7692672.29	00	520222105	大山镇	520222	盘县	5202

图 6-14　空间数据分布

```
Request: getMap
    Time = [ ]
    Format = image/jpeg
    Styles = [StyleImpl[ name = raster]]
    Filters = null
    Width = 768
    Buffer = 0
    Filter = null
    SRS = EPSG:4326
    FeatureVersion = null
    Layers = [ ]
    MaxFeatures = null
    Palette = null
    Height = 768
    StyleFormat = sld
    ValidateSchema = false
    Interpolations = [ ]
    TilesOrigin = null
    Exceptions = SE_XML
    StyleBody = null
    SldVersion = null
    Tiled = false
    RemoteOwsType = null
    RemoteOwsURL = null
    FormatOptions = { }
    Transparent = true
    SldBody = null
    Sld = null
    StyleUrl = null
    BgColor = java.awt.Color[r=255,g=255,b=255]
    Crs = GEOGCS["WGS 84",
    DATUM["World Geodetic System 1984",
```

```
        SPHEROID["WGS 84", 6378137.0, 298.257223563, AUTHORITY["EPSG",
"7030"]],
        AUTHORITY["EPSG","6326"]],
    PRIMEM["Greenwich", 0.0, AUTHORITY["EPSG","8901"]],
    UNIT["degree", 0.017453292519943295],
    AXIS["Geodetic longitude", EAST],
    AXIS["Geodetic latitude", NORTH],
    AUTHORITY["EPSG","4326"]]
    Bbox = SRSEnvelope[30.41015625:165.41015625, -38.84765625:96.15234375]
    Env = {}
    Angle = 0.0
    CQLFilter = null
    Elevation = []
    FeatureId = null
    StartIndex = null
    ViewParams = null
    StyleVersion = null
    ScaleMethod = null
    Version = 1.1.1
    Request = GetMap
    BaseUrl = http://222.87.27.200:10904/geoserver/
    Get = true
    RawKvp = {TRANSPARENT = true, BBOX = 30.41015625, -38.84765625,
165.41015625,96.15234375, VERSION = 1.1.1, FORMAT = image/jpeg, SERVICE =
WMS, HEIGHT =768, REQUEST = GetMap, LAYERS = JN:Level, STYLES = , SRS = EPSG:
4326, WIDTH =768} RequestCharset = UTF-8
```

上述代码是一个完整的 HTTP 请求实例,该请求实例展示了一个完整的 OGC 定义标准,其参数就不再详细一一定义,整个请求发送到后台服务器后,其相应参数能够在发起请求时进行变更,其中 SLD 样式表,分割点选和渲染方式同样能够进行空间定位,而空间结构 CQL 查询数据可以采用 HTTP 过滤请求中的 CQLFilter 进行加载,该方式能够满足用户的数据检索要求,通过过滤器进行空间数据的过滤,其过滤方式例如 ID = 10903,可以过滤主键中为 10903 中相应的行政划分并给出相应的多边形边界渲染。

6.1.5　业务数据展现技术研究

6.1.5.1　图层资源展现和缓存数据展现

针对传统的BS模式，Browser能够将后台业务数据通过HTTP请求返回到前台展现页面，而WebGIS标准也能够将相应的地图数据通过HTTP请求返回到前台展现页面，这就需要对图层数据进行整合，将业务数据和空间数据进行统一结合和发送。不仅通过标准的HTTP请求在地图服务器下获得相应空间数据，而且针对业务数据展现要求，同时发送HTTP业务数据请求，由于在同一页面下，不存在跨域访问问题，其数据加载稳定性和效率能够得到很好的保证，当然也可以直接将业务数据加载到空间地图服务器上，根据相应的业务数据直接更改和操作WebGIS服务器，其中需要CQL针对业务数据进行非关系型文件存储操作，由于课题采用混合模式（非关系型数据库和关系型数据结合）。随着Hadoop等大数据库建立，针对更大级别的业务数据可以采用上述方式。下面将详细介绍图层资源接入过程，如图6-15所示。

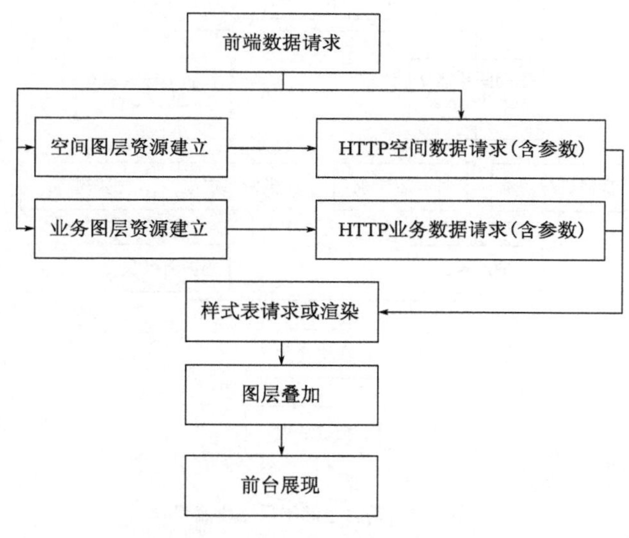

图6-15　平台内数据展现流程

6.1.5.2　图层资源接入与开发

针对地图服务器，前台展示需要通过建立不同的数据图层进行展现，通过多种图层叠加的方式进行展现，其中底层为地图图层，然后根据图层中所包含的资源请求来获取地图服务器中的数据，该数据请求可以是矢量数据，也可以是栅格数据，栅格数据能够将服务器的图片数据进行前台索引和展现，而矢量数据则可以进行结构化展现，最终在客户端形成数据的展示结果。

下面将详细给出栅格数据建立过程，如下面代码示例：

```
layers: [
    new ol. layer. Tile( {
        title: "JNMap",
        source:new ol. source. TileWMS( {
          url: 'http:// 220. 197. 219. 98:10903/service/wms',
          params: {LAYERS: JNMap:JNMap, VERSION: '1. 1. 1'}
        })
      })
    ]
```

如上述所示，针对整个 OL. Map，首先需要创建图层 Layers，而针对图层首先需要创建地图资源，其整个创建流程如图 6-16 所示。

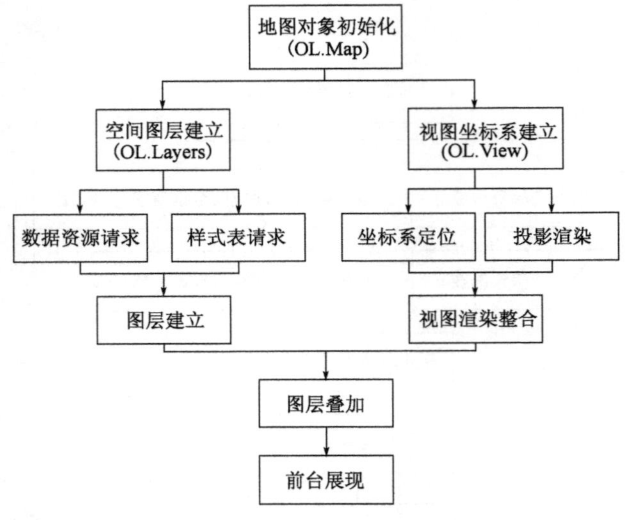

图 6-16　前台空间图层创建流程

在上述代码中，相关地图资源采用了 TileWMS 模式进行创建，其资源标示栅格数据源，而针对 GeoServer，还存在一种请求方式即 TileImage（单一图像请求）。针对整个 URL 地址，从上述图层创建路径中可以看出，其 HTTP 请求发送给相关地图服务器，请求 WMS 服务的在线资源，并根据相应参数以及参数名称进行创建，同时指定 WMS 版本号，针对 JNMap:JNMap 资源进行请求，对所需要的地图资源进行加载，如果需要加载矢量数据，也可以更改相应的地图服务请求进行更换。

6.1.5.3　GWC 缓存数据接入与开发

文中详细描述了地图缓存机制的建立，如何将缓存数据进行接入，也是需要前台页面进行金字塔展现。而针对默认情况，栅格缓存数据可以按照512×512进行填充，所以一次请求过程中，需要计算相关栅格数据图片加载量，针对客户端交互（例如平移、放大、缩小等操作），发送请求来填充不同级别下的缓存图像，同时需要地图服务加载请求所需要的样式表进行渲染。

对用于栅格数据标准的EPSG:4326数据进行加载，使得相应的图片请求能够缓存在本地浏览器，当缓存图片没有在后台地图服务器加载更换时，则能够直接通过本地加载而不需要重新请求加载，从而获得更好的性能进行数据和地图的展示。

OL3可以通过XYZ进行栅格数据源接入，XY代表网格数据行列划分，Z代表缩放级别。针对WMSImage服务，采用了OpenStreetMap（OSM）坐标投影提供相关地图数据，其中OSM可以提供不同的样式表进行栅格渲染，其初始化代码如下所示。

```
<script>
    var map = new ol.Map({
        target: 'map',
        layers: [
          new ol.layer.Tile({
            source:new ol.source.OSM()
          })
        ],
        view:new ol.View({
          center: [105.27, 34.98]
          zoom: 9
        }),
        controls: ol.control.defaults({
          attributionOptions: {
            collapsible:false
          }
        })
      });
</script>
```

针对该请求，可以接入相关栅格缓存数据，并针对相应的地图服务变换其请求方式，最终实现缓存数据的接入。

6.2 隧道建设全过程安全管理系统模块设计

隧道等地下工程的安全风险管理是地下空间发展以及交通建设面临的技术难题，在地下工程施工中实施有效的风险管理，构建安全风险管理系统尤其重要[40]。采用合适的计算机辅助技术开发地下工程施工期安全风险管理系统，对各建设方潜在的风险源进行科学分析，结合施工全过程的监测、检测、预报等信息，采用数据挖掘等手段实现隧道施工中的及时预警，同时通过隧道施工全过程中的动态风险评估，制定风险应对措施。

基于 WebGIS 的地下工程安全风险管理系统，一方面结合了地理信息系统，充分利用 GIS 强大的数据综合、地理模拟和空间分析功能，使隧道信息的可视化展示更为直观、生动；另一方面发挥了互联网信息传递的强大优势，大大缩短了信息采集与安全预警信息发布的时间，有效保证地下工程施工期安全风险评价的动态性和及时性，实现安全风险的动态管理和信息化施工，确保了隧道工程安全。同时，友好的、交互性强的安全管理平台界面，能使项目管理者、安全管理人员已最快的速度实现系统的熟练操作，确保了信息的有效传递。

从隧道群建设全过程角度出发，软件系统设计有总体概况、勘察设计、施工、运营、风险决策共 5 个模块，每个模块中各设有独立的功能系统，可以完成隧道建设全生命周期内所对应的安全管理内容。软件系统以单个隧道为一个设计对象，在该对象中分模块化设计，用户通过在软件界面中登录，可根据所要查看的隧道，点击进入该隧道的分析系统中，进行进一步操作。具体框架图如图 6-17 所示。

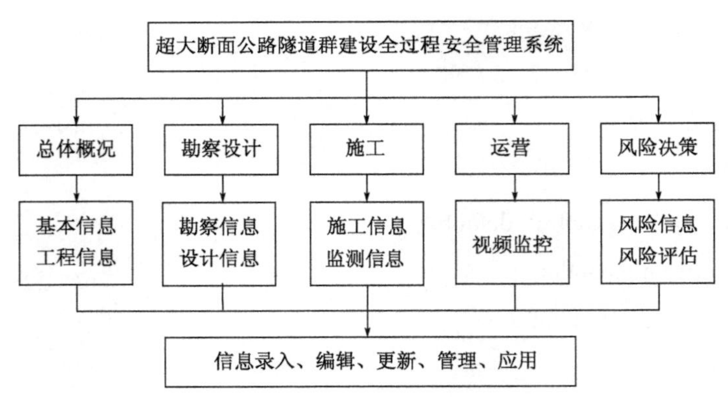

图 6-17　软件系统模块框架

6.2.1 风险信息数据库设计

E-R 模型是指数据库中实体—关系模型的表示形式，数据库模型是指数据库中的数据存储结构。其中比较常用的有层次模型、网状模型和关系模型[41]。E-R 图分析是用简单的图形反映出所要关注问题的事物或数据，并重点反映出它们之间的关系。建立一个全面、完整、稳固的数据结构平台，是实现复杂地质条件下的隧道施工期安全风险评估与控制系统优化设计的关键问题。

根据系统的功能、用户及主要事物流程分析，在对系统进行前期规划中将该数据的实例对象主要确定为“项目信息”“用户”“隧道”“监控信息”“风险评估”“预警发布”，对应的实体E-R图如图6-18。

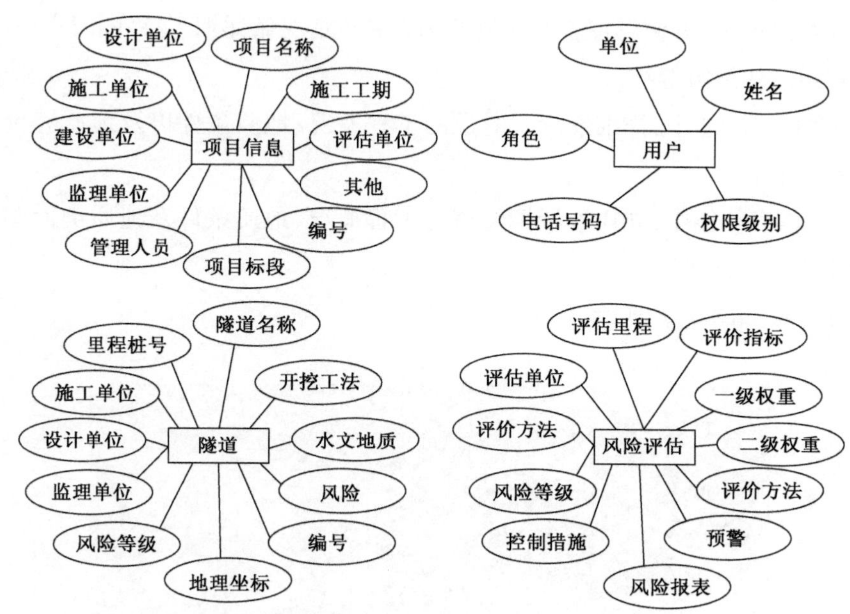

图6-18　系统部分E-R图

6.2.2　总体概况模块

总体概况模块用于介绍工程基本信息以及相关的信息文件管理，在基本信息中，主要列有隧道名称、业主单位、施工单位、设计单位、检测单位、监理单位、预报单位、隧道的工程信息、空间地图以及项目简介。所列信息主要为了展示隧道的建设信息，以便管理者方便查阅及后期管理，如图6-19所示。

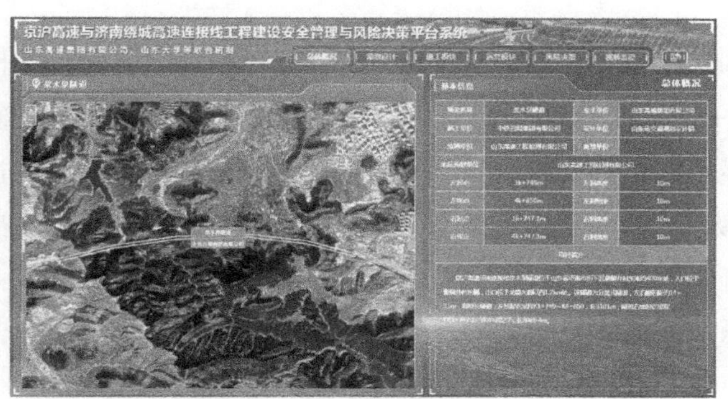

图6-19　总体概况模块

6.2.3 勘察设计模块

勘察设计模块主要为隧道的勘察、设计阶段的信息展示，具体包括围岩等级、勘察信息、设计信息及相应的文件管理。

(1)在围岩等级功能中，后台经过对设计围岩情况二次统计，在软件界面上以表格与饼图形式进行统计结果展示，方便管理者对隧道的围岩具体情况做详细了解，同时也可大致判断风险围岩段及隧道总体风险等级。

(2)在勘察信息功能中，详细展示了隧道的工程概况、地质条件以及地质评价，这相当于对堪察成果的浓缩和显示。

(3)在设计信息功能中，同样展示了隧道的工程概况、地质条件及地质剖面图，方便管理者对隧道设计信息的查阅。

勘察设计模块如图6-20所示。

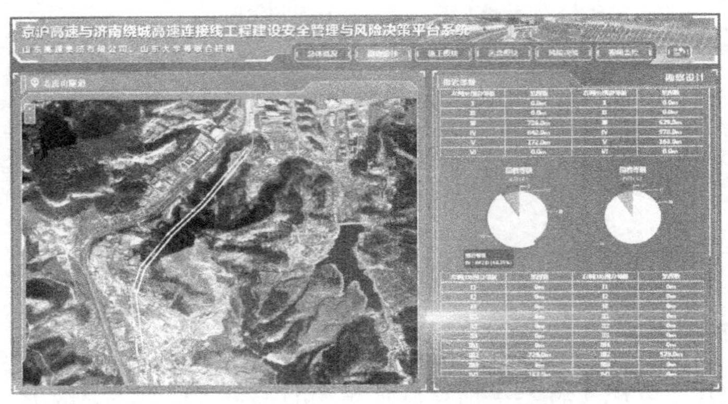

图6-20 勘察设计模块

6.2.4 施工模块

施工模块为该软件系统的主要管理模块，隧道施工是基于设计方案进行开挖验证的一个过程，同时也是集质量、安全、环保、文明等技术为一体的动态生产过程，隧道施工是在围岩初始出状态下进行破坏性、改造性扰动与塑形，因勘察设计的局限性，施工过程存在诸多安全隐患和风险因素。该模块主要用于施工过程全方位信息的监控与管理。主要包括掌子面、仰拱进度、二衬进度、超前预报、监控量测、围岩等级信息及相关文件管理。

(1)掌子面信息中，以时序方式记录每日掌子面开挖方法、进尺情况、机械设备以及问题处理情况。

(2)仰拱进度、二衬进度记录隧道的仰拱与二衬进度情况、机械设备以及工作计划。

(3)超前地质预报信息中,记录了隧道中每次超前地质预报施作具体情况,并基于 GIS 在地图上进行文本标注,方便管理者进行日常查阅。

(4)监控量测信息中,以时序方式记录了隧道各断面、各监测点的变形情况。

(5)围岩等级信息中,记录了隧道开挖揭露后的围岩等级情况,并以表格和饼图形式进行界面展示,方便管理者将其与设计阶段的围岩情况进行比对和管理。

施工模块如图 6-21 所示。

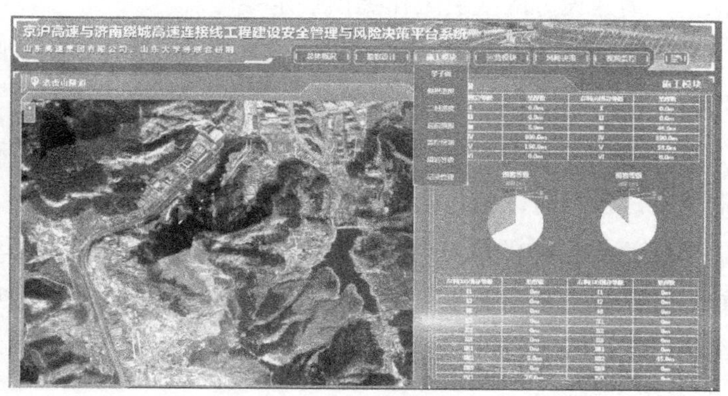

图 6-21　施工模块

6.2.5　运营模块

运营模块主要以视频监控方式对隧道运营阶段进行安全管理。通过在隧道群进行视频网架设,采用远程传输模式,在管理中心进行 LED 屏显示,并具有窗口切换、窗口方位调整及窗口放缩等功能。运营模块如图 6-22 所示。

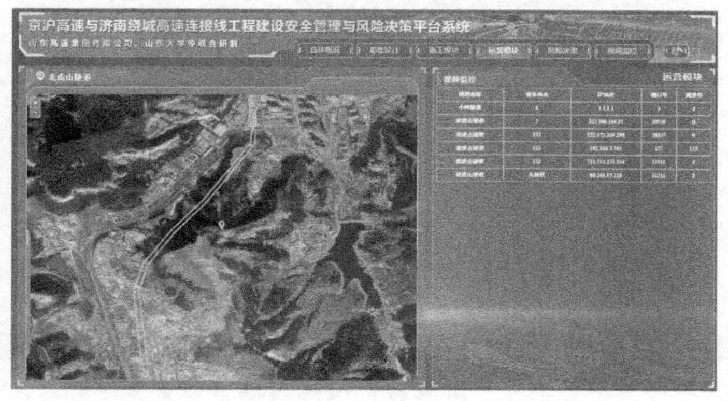

图 6-22　运营模块

6.2.6 风险决策模块

风险决策模块为该软件系统的应用模块，为了更清楚地反映隧道施工过程中的各类风险源及风险程度，在该模块下记录了围岩变更信息、监控量测险情、施工距离风险以及风险评估成果。

(1)围岩变更。该功能列出了隧道变更里程段、施工阶段与勘察设计阶段围岩级别，点击地图隧道预报标记点，可在注释框中展示详细变更情况，包括变更里程段、开挖揭露围岩级别、BQ 值以及岩性特征。可为建设方的变更工作提供一定参考。

(2)监控量测。该功能可根据日期选择隧道当日监测数据，系统智能判断数据异常情况，给出相应的控制措施。

(3)施工距离。该功能可根据日期选择当日掌子面与仰拱、二次衬砌的距离，并与安全距离比对，判断和控制开挖进尺与衬砌施作问题。

(4)风险评估。基于后台建立的针对特定风险源模型，根据风险因素的动态变化分析，计算出风险因素权重及风险等级，该功能主要用于展示综合风险评估结果，包括不同层次风险因素的权重值、风险等级、风险结论及控制措施。

风险决策模块如图 6-23 所示。

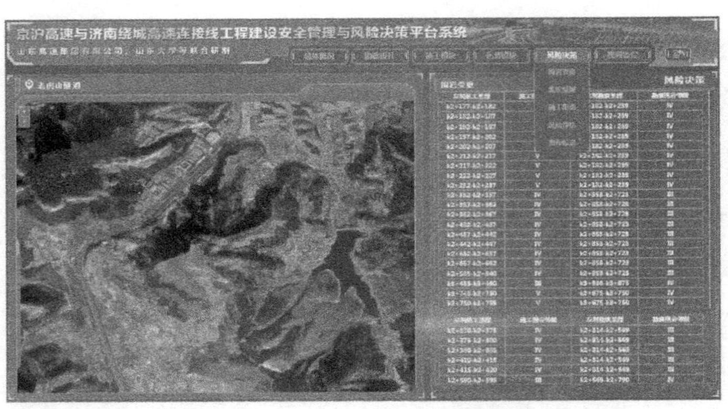

图 6-23　风险决策模块

6.3 全过程信息传输模式与标准化管理

收集依托工程隧道群勘察、设计、施工及运营阶段数据资料，进行分类提炼形成基础数据，并经开发者抽取、转换成系统数据库。勘察设计阶段数据主要来源于勘察设计文件、报告等资料，施工运营阶段数据主要来源于施工或运营期现场信息，并整理成系统录入标准文件，形成系统扩展数据库。

数据库以基本信息、勘察、设计、施工、运营5个后台模块形式分布，分别应用于前台管理界面。数据库的信息根据开发者权限，具有快速查阅、修改、叠加及应用功能，如隧道群基本信息和勘察设计阶段数据，可根据实际变更信息实时更新，施工运营期数据随着生命周期的发展而不断叠加，在勘察设计以及施工阶段，则可根据评估类数据进行风险评估应用。

6.3.1　信息采集

通过项目办的技术资料支持，为了形成超大断面公路隧道群建设全过程安全管理系统的完整数据库，将勘察设计资料与施工组织设计书进行了分类整理，总结了京沪高速济南连接线工程和济南绕城高速济南连接线工程下各隧道基本信息、勘察信息、设计信息。将信息整合到软件系统，形成可编辑、更新的数据库系统，有利于用户的精准查阅，见表6-1、表6-2、表6-3。

隧道群基本信息统计表　　表6-1

工程名称	京沪高速济南连接线工程			济南绕城高速济南连接线工程		
隧道名称	浆水泉隧道	龙鼎隧道	港沟隧道	老虎山隧道	小岭隧道	大岭隧道
业主单位	山东高速集团有限公司	山东高速集团有限公司	山东高速集团有限公司	山东高速集团有限公司	山东高速集团有限公司	山东高速集团有限公司
设计单位	山东省交通规划设计院	山东省交通规划设计院	山东省交通规划设计院	山东省路桥集团有限公司	山东省路桥集团有限公司	山东省路桥集团有限公司
施工单位	中国中铁四局集团有限公司	中国建筑股份有限公司	中国建筑股份有限公司	山东路桥集团有限公司	山东路桥集团有限公司	山东路桥集团有限公司
监测单位	山东高速工程检测有限公司	上海同丰工程咨询有限公司	上海同丰工程咨询有限公司	山东高速工程检测有限公司	山东高速工程检测有限公司	山东高速工程检测有限公司
预报单位	山东高速工程检测有限公司	上海同丰工程咨询有限公司	上海同丰工程咨询有限公司	山东高速工程检测有限公司	山东高速工程检测有限公司	山东高速工程检测有限公司
左洞里程	K1 +749 ~ K4 +850	K6 +490 ~ K8 +675	K10 +460 ~ K11 +565	K2 +080 ~ K3 +820	K4 +850 ~ K5 +350	K6 +511.3 ~ K7 +473
左洞长度	3 101m	2 185m	1 105m	1 740m	500m	961.7m
右洞里程	K1 +747.3 ~ K4 +832.7	K6 +492.7 ~ K8 +677.3	K10 +459.2 ~ K11 +550.6	K1 +950 ~ K3 +838	K4 +860 ~ K5 +360	K6 +535 ~ K7 +500
右洞长度	3 085.4m	2 184.6m	1 091.4m	1 888m	500m	965m
隧道结构	分离式	分离式	分离式	分离式	分离式	分离式
车道形式	双向八车道	双向八车道	双向八车道	双向八车道	双向八车道	双向八车道
进口形式	端墙式	端墙式	端墙式	端墙式	削竹式	端墙式
出口形式	端墙式	削竹式	削竹式	端墙式	削竹式	端墙式

隧道群勘察信息统计表 表6-2

工程名称	隧道名称	工 程 概 况	地 质 条 件	地 质 评 价
京沪高速济南连接线工程	浆水泉隧道	京沪高速济南连接线浆水泉隧道位于山东省济南市历下区搬倒井村东南约400m处,入口位于搬倒井村东侧,出口位于龙鼎大道以西1.2km处。该隧道为分离式隧道,左右幅相距约14~31m,属特长隧道,左线起讫里程K1+749~K4+850,长3 101m;隧道右线起讫里程YK1+747.3~YK4+832.7,长3 085.4m	本区位于鲁中南低山丘陵与鲁西北冲积平原的交接带上的中部丘陵地区,海拔100~900m,比高在200~500m,山脉多为东西走向。隧址区地势起伏,海拔240~400m,切割深度100~200m,地形坡度20°~50°。隧道区出露地层为奥陶系和寒武系灰岩、白云之灰岩及生物碎屑灰岩,局部沟谷地段上覆上更新统粉质黏土。受区域地质构造活动影响,隧址区局部节理密集带或构造断裂带,局部断裂构造发育,隧址区发育4条挤压形成节理密集带或断裂破碎带,沿构造产生的节理裂隙发育形成溶孔、溶洞对洞体围岩影响较大。整个隧道区地下水主要赋存碳酸盐岩溶蚀裂隙、溶孔、溶洞中,水量不均匀,水位埋藏较深,均低于隧道设计底板,旱季平水季对隧道施工及后期运营无影响	(1)进口段工程地质评价 进口位于采石场掌子面,坡面近直立,宽约50m,高越15m,洞轴线与地形坡在近于正交,围岩较不稳定,容易发生坍塌,及早形成支护体系。 (2)出口段工程地质条件评价 出口位于原采石场掌子面,坡面近直立,宽约100m,高约12m,洞轴线与地形坡面大角度倾斜。围岩不稳定,无支护发生较大坍塌。 (3)洞身段工程地质条件评价 隧道洞身出露奥陶系和寒武系灰岩、白云质灰岩,局部灰岩节理裂隙发育,沿节理裂隙发育成溶蚀裂隙、溶孔和溶洞。特别是奥陶系冶里—亮甲山组白云质灰岩岩溶发育(标高278~342m),K3+700~K4+250区段裂隙已发育成高3m、宽2m大型洞体,洞体方向多变,大部分洞体内无填充或填充黏性土混碎石。洞体开挖时洞体内填充物易发生塌落,雨季洞体汇水会发生较大短时性涌水
	龙鼎隧道	京沪高速济南连接线龙鼎隧道位于山东省济南市历下区太平庄西侧,进口位于龙鼎大道以东520m处,出口位于太平庄西北方向350m处。该隧道为分离式隧道,左右幅相距约13~36m,属长隧道。左线起讫里程K6+490~K8+675,总长2185m;右线起讫里程YK6+492.7~YK8+677.3,总长2 184.6m	本区位于鲁中南低山丘陵与鲁西北冲积平原的交接带上的中部丘陵地区,海拔100~900m,比高在200~500m,山脉多为东西走向。隧址区地势起伏,海拔200~350m,切割深度70~150m,地形坡度20°~50°。隧道区出露地层为奥陶系和寒武系灰岩、白云之灰岩及生物碎屑灰岩,局部沟谷地段上覆上更新统粉质黏土。受区域地质构造活动影响,隧址区局部节理密集带或构造断裂带,隧址区发育2条挤压形成节理密集带,沿构造产生的节理裂隙发育形成溶孔、溶洞对洞体围岩影响较大。整个隧道区地下水主要赋存碳酸盐岩溶蚀裂隙、溶孔、溶洞中,水量不均匀,水位埋藏较深,均低于隧道设计底板,旱季平水季对隧道施工及后期运营无影响	(1)进口段工程地质评价 人工陡崖地貌,崖高约8m,隧道轴线与地形等高线小角度斜交,为坡面斜交型隧道。隧道围岩为中厚层状灰岩,中风化,青灰色,层理结合较好,产状平缓,岩石坚硬,软化性弱。地下水为岩溶水,水位埋藏深,洞体平时干燥无水,雨季沿裂隙滴水、渗水。洞体围岩不稳定,无支护发生大型坍塌,属于Ⅳ级围岩,底板岩石较坚硬,岩体较破碎,建议按相应Ⅳ级复合式衬砌标准防护。 (2)出口段工程地质条件评价 山麓斜坡地貌,隧道轴线与地形等高线斜交,属坡面斜交型隧道。平缓,岩溶化较强烈,多形成溶蚀裂隙、溶孔,孔径0.3~2.0cm,最大6cm。岩体碎裂松散,顶板埋藏浅。地下水为岩溶水,水位埋藏深,洞体平时潮湿无水,雨季洞体沿裂隙、溶孔淋雨状出水或形成大股涌水,注意

续上表

工程名称	隧道名称	工 程 概 况	地 质 条 件	地 质 评 价
京沪高速济南连接线工程	龙鼎隧道			设防。洞体围岩不稳定,顶板无自稳能力,无支护易发生重大坍塌,建议按Ⅴ级相应复合式衬砌标准防护,并注意雨季防排水,施工时注意地质超前预报。 (3)洞身段工程地质条件评价 隧道洞身段多处岩溶发育,局部形成较大溶孔或溶洞,孔洞径多为2~80mm大者可达20cm,方向多变,相互连通,破坏了围岩体的完整性,但岩质基本较坚硬,建议施工过程中对孔洞进行注浆封堵或跨盖
	港沟隧道	京沪高速济南连接线港沟隧道位于济南市历下区太平庄东北侧,进口位于港沟村西南侧,出口位于济南民兵训练中心南侧。该隧道为分离式隧道,属长隧道。左线起讫里程K10+460~K11+565,总长1 105m,右线起讫里程YK10+459.2~YK11+550.6,总长1 091.4m	港沟隧道隧址区为鲁中南构造侵蚀为主的中低山丘陵亚区,地表植被不发育,局部分布少量乔木。隧道洞身地形起伏呈扁"A"状,隧道两端地面高程较低,其余部分底面高程较高,地形起伏较大,隧址区地面高程205.0~368.0m,相对高差约163.0m,隧址区植被茂盛,坡角9°~39°,隧道最大埋深约164.54m。隧道区出露地层为奥陶系和寒武系灰岩、白云之灰岩及生物碎屑灰岩,局部沟谷地段上覆上更新统粉质黏土。受区域地质构造活动影响,隧址区局部节理密集带或构造断裂带,隧址区发育2条断裂破碎带,沿构造产生的节理裂隙发育形成溶孔。整个隧道区地下水主要赋存碳酸盐岩溶蚀裂隙、溶孔、溶洞中,水量不均匀,水位埋藏较深,均低于隧道设计底板,旱季平水季对隧道施工及后期运营无影响	(1)进口段工程地质条件评价 山麓脚坡地貌,自然坡角约18°,隧道轴线与地形等高线斜交,为坡面斜交型隧道。隧道围岩为白云质灰岩,强风化状态,灰色,软化性弱,产状平缓,层间结合差,岩体很破碎,岩芯多呈块状、碎块状,节理裂隙发育,裂隙面泥质充填。 (2)出口段工程地质条件评价 山麓脚坡地貌,自然坡角约20°,隧道轴线与地形等高线大角度斜交,属坡面斜交型隧道。隧道围岩为白云质灰岩,强风化状态,灰白色,软化性弱,产状缓倾,层间结合差,岩体很破碎,岩芯多呈块状、碎块状,节理裂隙很发育,裂隙面泥质充填。 (3)洞身段工程地质条件评价 隧道洞身段多处岩溶发育,孔径多为2~10mm,方向多变,相互连通,破坏了围岩体的完整性,但岩质基本较坚硬,建议施工过程中对孔洞进行注浆封堵或跨盖

续上表

工程名称	隧道名称	工 程 概 况	地 质 条 件	地 质 评 价
济南绕城高速济南连接线工程	老虎山隧道	济南绕城高速济南连接线工程老虎山隧道位于济南市黄金99地产西南，搬倒井村北，隧道跨济南市历下区、市中区两地，为分离式隧道，隧道起讫里程为左线K2+080~K3+820，总长1 740m，右线YK1+950~YK3+838，总长1 888m，隧洞轴线为曲线型，隧洞设计路面高程约172.2m~212.9m	隧址区为剥蚀低山丘陵地貌区，地表植被较发育，山体岩石出露较好，植被多为松柏，山体陡立。隧道相对高差约90m，两处较陡山头坡角为45°和50°，局部较陡，隧道洞顶最大埋深约127.8m。隧址区出露和揭露地层为第四系坡积层碎石土，奥陶系灰岩，燕山期侵入中粒闪长岩。隧址区位于鲁西台背斜北翼，基底为泰山群变质岩系，盖层为早古生界奥陶纪巨厚层碳酸盐岩。盖层呈单斜构造产出，区内以断裂构造为主，褶皱构造不发育。隧址区地下水类型主要有松散岩类孔隙水、基岩风化带网状裂隙水和基岩构造裂隙水	(1)地质环境稳定性和适宜性评价 隧道褶曲构造不甚发育，断裂构造较发育，断裂分布广，方向性强，主要为东北西南向、东南西北向。总体区域稳定性一般，整体稳定性一般，在采取必要的工程措施下适宜修建隧道。 (2)进口段工程地质条件评价 隧道进口进洞口位于山脚，表层有坡积残积土层，土厚0.40~10.70m；南见较多基岩出露。进口段出露地层右线以奥陶系灰岩为主，左线为燕山期闪长岩，灰岩岩层走向与洞轴线近垂直相交，进洞口段发育有多组节理裂隙，无其他不良地质现象，山体经地质灾害治理目前稳定性较好，经适当防护适宜进洞。 (3)出口段工程地质条件评价 隧道出口段属浅埋段，出洞口位于坡脚，洞口中心开挖深度约23.0m，位于搬到井村内，覆盖层多为强~中风化灰岩、碎石土层，出口段地形较缓，地形坡度约3°左右，洞口上部多为多层民房，出洞口段未见断裂构造，未见不良地质现象，稳定性较好，适宜出洞。 (4)洞身段工程地质条件评价 隧道洞身段斜坡自南向北自然坡度45°~50°，地形较为陡峭。洞身围岩岩性主要为奥陶系系灰岩，岩体节理裂隙较发育，局部见较多小溶隙，岩体较完整，除YK2+940~YK3+040段见岩性接触带外，未见明显断裂构造，未见不良地质现象，稳定性较好，适宜隧道通过。 (5)施工环境影响评价 隧道勘察时未发现地温异常，无有毒有害气体。隧址区离城镇较远，施工无有毒、有害气体排放，对空气无影响，隧道开挖不影响地表水系统。挖掘隧道的弃渣方量大，但隧道进出洞口交通较方便，处理较方便，弃渣堆放地需占用农田或林地，建议可在选定的弃渣场修筑挡墙，工程结束后，平整地面，培土复耕

续上表

工程名称	隧道名称	工 程 概 况	地 质 条 件	地 质 评 价
济南绕城高速济南连接线工程	小岭隧道	济南绕城高速济南连接线工程小岭隧道位于济南市兴隆街道办搬倒井村南，为分离式隧道，隧道起讫里程为左线 K4 + 850 ~ K5 + 350，总长 500m，右线 YK4 +860 ~终点 YK5 + 360，总长 500m，属短隧道，隧洞轴线为直线型，隧道轴向走向约 161°，隧洞设计路面高程 229.3m ~237.3m	隧址区为剥蚀低山丘陵地貌区，地表植被较发育，北侧多为松柏植被，南侧（K5 +100 以后）为小岭村采石场开挖，开挖高差最深处可达 80m。隧道北侧相对高差约 90m，坡角 25° ~35°，局部较陡，隧道洞顶最大埋深约 77.0m。隧址区出露和揭露地层为第四系坡积层碎石土及奥陶系灰岩，南侧采石场有局部回填石渣。隧址区位于鲁西台背斜北翼，基底为泰山群变质岩系，盖层为早古生界奥陶纪巨厚层碳酸盐岩。盖层呈单斜构造产出，区内以断裂构造为主，褶皱构造不发育。隧址区地下水类型主要有松散岩类孔隙水、基岩风化带网状裂隙水和基岩构造裂隙水	（1）地质环境稳定性和适宜性评价 小岭隧道褶曲构造不甚发育，断裂构造较发育，断裂分布广，方向性强，主要为东北西南向、东南西北向。总体区域稳定性较好，整体稳定性较好，在采取必要的工程措施下适宜修建隧道。 （2）进口段工程地质条件评价 隧道进口进洞口位于山腰，表层有少量残积土层，向北沿地势逐渐变厚，洞口中心开挖深度约 14.0m，地形坡度约 31°，其北方见梯田分布，第四系土厚 0.40 ~2.70m；见较多基岩出露。进口段出露地层为奥陶系灰岩为主，岩层走向与洞轴线近垂直相交，进洞口段未见断裂构造，发育有多组节理裂隙，无不良地质现象，稳定性较好，适宜进洞。 （3）出口段工程地质条件评价 隧道出口段属浅埋段，出洞口位于坡脚，洞口中心开挖深度约 14.0m，受采石场人工开挖影响，现有地表地形较缓，地形坡度约 13°左右，洞口上部有少量农田分布，第四系土层厚 0.0 ~2.50m，天然坡体稳定性一般，出露地层为碎石土和残积土层，出洞口段未见断裂构造，无不良地质现象，稳定性较好，适宜出洞。 （4）洞身段工程地质条件评价 隧道洞身段斜坡自南向北自然坡度 30°左右，采石场处（K5 +100 以南）受采石开挖地形陡峭，变化较大。洞身围岩岩性为奥陶系系灰岩，岩体节理裂隙较发育，局部见较多小溶隙，岩体较完整，无断裂构造，无不良地质现象，稳定性较好，适宜隧道通过。 （5）施工环境影响评价 隧道勘察时未发现地温异常，无有毒有害气体。隧址区离城镇较远，施工无有毒、有害气体排放，对空气无影响，隧道开挖不影响地表水系统。挖掘隧道的弃渣方量大，但隧道进出洞口交通较方便，处理较方便，弃渣堆放地需占用农田或林地，建议可在选定的弃渣场修筑挡墙，工程结束后，平整地面，培土复耕

续上表

工程名称	隧道名称	工程概况	地质条件	地质评价
济南绕城高速济南连接线工程	大岭隧道	济南绕城高速济南连接线工程大岭隧道位于济南市区东南部，该隧道进口位置位于小岭村南侧，穿越大岭西侧山体。隧道线位沿线经过大岭村西北侧山体的东侧坡脚处，自大岭村原址西侧自北向南至 K7 + 500 处为终点，继续向南与白土岗大桥连接。隧道为分离式隧道，属中长隧道，左线起讫里程 K6 + 511.300 ~ K7 + 473，总长 961.7m，右线起讫里程 YK6 +535 ~ YK7 +500，总长 965m，属中长隧道，最大洞顶埋深约 102.7m，隧道洞底高程设计高程自北往南约为 257.0 ~ 289.0m	隧址区为鲁中南构造侵蚀为主的中低山丘陵区，强 ~ 弱切割、剥蚀溶蚀中低山丘陵亚区，地表植被茂盛，高大乔木林立。隧道洞身地形起伏呈“M”状，隧道两端地面标高较低，其余部分地面高程较高，地形起伏较大，隧址区地面高程 268.0 ~ 379.2m，相对高差约 111.0m，隧址区植被茂盛，坡角 6° ~42°，隧道最大埋深约 121.50m。隧址区地层由第四系残坡积土层、寒武系中强风化灰岩组成。隧址区位于鲁西台背斜北翼，基底为泰山群变质岩系，盖层为早古生界奥陶纪巨厚层碳酸盐岩。盖层呈单斜构造产出，区内以断裂构造为主，褶皱构造不发育。隧址区地下水类型主要有松散岩类孔隙水、基岩风化带网状裂隙水和基岩构造裂隙水	(1)进口段工程地质条件评价 隧道进口段：左线进口洞口位于山坡脚，中心埋深深度约 6.50m，地形坡度约 13.6°；右线进口段洞口位于山脚冲沟内，中心开挖深度约 6.30m，地形坡度约 3.6° ~ 17.9°。进洞口处第四系土厚 0.40 ~ 1.80m，植被以松柏为主，见较多荒草荆棘，较多基岩出露，岩层走向与洞轴线以很小角度斜交。进出口段出露地层为寒武系泥质条带状灰岩，分析钻孔资料及物探测线剖面解译结果图，本段进出洞口段未见影响洞室稳定的断裂构造，钻孔资料见局部溶蚀，未见其他不良地质现象，稳定性较好，适宜进出洞。 (2)出口段工程地质条件评价 该出口段地层岩性主要为冲洪积碎石土、强风化灰岩地层，隧道埋深浅，对于开挖边坡宜采取防护。边坡形成后建议采用植物防护，局部不稳定的岩块应剔除。 (3)洞身段工程地质条件评价 隧道洞身段斜坡自然坡度 10° ~ 20°，后半段至出口段经过大岭村原址，地形较缓，上部岩体覆盖层薄，岩体完整度较低，洞身围岩岩性为寒武系凤山组灰岩，岩体节理裂隙较发育，局部区域由于受地壳构造产生的褶皱、扭曲与破碎带对隧址区岩层整体性有一定影响，如岩体较破碎，岩溶溶蚀较发育，局部有小型充填型溶洞发育，伴生次级破碎带分布等，洞身段未发现断裂构造，未见其他不良地质现象，整体稳定性较好，较适宜隧道通过

隧道群设计信息统计表 表 6-3

工程名称	隧道名称	工 程 概 况	地 质 条 件
京沪高速济南连接线工程	浆水泉隧道	京沪高速济南连接线浆水泉隧道位于山东省济南市历下区搬倒井村东南约 400m 处,入口位于搬倒井村东侧,出口位于龙鼎大道以西 1.2km 处。该隧道为分离式隧道,左右幅相距约 14 ~ 31m,属特长隧道,左线起讫里程 K1 +749 ~ K4 +850,长 3 101m;隧道右线起讫里程 YK1 +747.3 ~ YK4 +832.7,长 3 085.4m	本区位于鲁中南低山丘陵与鲁西北冲积平原的交接带上的中部丘陵地区,海拔 100 ~ 900m,比高在 200 ~ 500m,山脉多为东西走向。隧址区地势起伏,海拔 240 ~ 400m,切割深度 100 ~ 200m,地形坡度 20° ~ 50°。隧道区出露地层为奥陶系和寒武系灰岩、白云之灰岩及生物碎屑灰岩,局部沟谷地段上覆上更新统粉质黏土。受区域地质构造活动影响,隧址区局部节理密集带或构造断裂带,局部断裂构造发育,隧址区发育 4 条挤压形成节理密集带或断裂破碎带,沿构造产生的节理裂隙发育形成溶孔、溶洞对洞体围岩影响较大。整个隧道区地下水主要赋存碳酸盐岩溶蚀裂隙、溶孔、溶洞中,水量不均匀,水位埋藏较深,均低于隧道设计底板,旱季平水季对隧道施工及后期运营无影响
	龙鼎隧道	京沪高速济南连接线龙鼎隧道位于山东省济南市历下区太平庄西侧,进口位于龙鼎大道以东 520m 处,出口位于太平庄西北方向 350m 处。该隧道为分离式隧道,左右幅相距约 13 ~ 36m,属长隧道。左线起讫里程 K6 +490 ~ K8 +675,总长 2 185m;右线起讫里程 YK6 +492.7 ~ YK8 +677.3,总长 2 184.6m	本区位于鲁中南低山丘陵与鲁西北冲积平原的交接带上的中部丘陵地区,海拔 100 ~ 900m,比高在 200 ~ 500m,山脉多为东西走向。隧址区地势起伏,海拔 200 ~ 350m,切割深度 70 ~ 150m,地形坡度 20° ~ 50°。隧道区出露地层为奥陶系和寒武系灰岩、白云之灰岩及生物碎屑灰岩,局部沟谷地段上覆上更新统粉质黏土。受区域地质构造活动影响,隧址区局部节理密集带或构造断裂带,隧址区发育 2 条挤压形成节理密集带,沿构造产生的节理裂隙发育形成溶孔、溶洞对洞体围岩影响较大。整个隧道区地下水主要赋存碳酸盐岩溶蚀裂隙、溶孔、溶洞中,水量不均匀,水位埋藏较深,均低于隧道设计底板,旱季平水季对隧道施工及后期运营无影响
	港沟隧道	京沪高速济南连接线港沟隧道位于济南市历下区太平庄东北侧,进口位于港沟村西南侧,出口位于济南民兵训练中心南侧。该隧道为分离式隧道,属长隧道。左线起讫里程 K10 +460 ~ K11 +565,总长 1 105m,右线起讫里程 YK10 +459.2 ~ YK11 +550.6,总长 1 091.4m	港沟隧道隧址区为鲁中南构造侵蚀为主的中低山丘陵亚区,地表植被不发育,局部分布少量乔木。隧道洞身地形起伏呈扁“A”状,隧道两端地面标高较低,其余部分底面标高较高,地形起伏较大,隧址区地面标高 205.0 ~ 368.0m,相对高差约 163.0m,隧址区植被茂盛,坡角 9° ~ 39°,隧道最大埋深约 164.54m。隧道区出露地层为奥陶系和寒武系灰岩、白云之灰岩及生物碎屑灰岩,局部沟谷地段上覆上更新统粉质黏土。受区域地质构造活动影响,隧址区局部节理密集带或构造断裂带,隧址区发育 2 条断裂破碎带,沿构造产生的节理裂隙发育形成溶孔。整个隧道区地下水主要赋存碳酸盐岩溶蚀裂隙、溶孔、溶洞中,水量不均匀,水位埋藏较深,均低于隧道设计底板,旱季平水季对隧道施工及后期运营无影响

续上表

工程名称	隧道名称	工 程 概 况	地 质 条 件
济南绕城高速济南连接线工程	老虎山隧道	济南绕城高速济南连接线工程老虎山隧道位于济南市黄金99地产西南，搬倒井村北，隧道跨济南市历下区、市中区两地，为分离式隧道，隧道起讫里程为左线K2+080～K3+820，总长1740m，右线YK1+950～YK3+838，总长1888m，隧洞轴线为曲线型，隧洞设计路面高程约172.2～212.9m	隧址区为剥蚀低山丘陵地貌区，地表植被较发育，山体岩石出露较好，植被多为松柏，山体陡立。隧道相对高差约90m，两处较陡山头坡角为45°和50°，局部较陡，隧道洞顶最大埋深约127.8m。隧址区出露和揭露地层为第四系坡积层碎石土，奥陶系灰岩，燕山期侵入中粒闪长岩。隧址区位于鲁西台背斜北翼，基底为泰山群变质岩系，盖层为早古生界奥陶纪巨厚层碳酸盐岩。盖层呈单斜构造产出，区内以断裂构造为主，褶皱构造不发育。隧址区地下水类型主要有松散岩类孔隙水、基岩风化带网状裂隙水和基岩构造裂隙水
	小岭隧道	济南绕城高速济南连接线工程小岭隧道位于济南市兴隆街道办搬倒井村南，为分离式隧道，隧道起讫里程为左线K4+850～K5+350，总长500m，右线YK4+860～终点YK5+360，总长500m，属短隧道，隧洞轴线为直线型，隧道轴向走向约161°，隧洞设计路面高程229.3～237.3m	隧址区为剥蚀低山丘陵地貌区，地表植被较发育，北侧多为松柏植被，南侧(K5+100以后)为小岭村采石场开挖，开挖高差最深处可达80m。隧道北侧相对高差约90m，坡角25°～35°，局部较陡，隧道洞顶最大埋深约77.0m。隧址区出露和揭露地层为第四系坡积层碎石土及奥陶系灰岩，南侧采石场有局部回填石渣。隧址区位于鲁西台背斜北翼，基底为泰山群变质岩系，盖层为早古生界奥陶纪巨厚层碳酸盐岩。盖层呈单斜构造产出，区内以断裂构造为主，褶皱构造不发育。隧址区地下水类型主要有松散岩类孔隙水、基岩风化带网状裂隙水和基岩构造裂隙水
	大岭隧道	济南绕城高速济南连接线工程大岭隧道位于济南市区东南部，该隧道进口位置位于小岭村南侧，穿越大岭西侧山体。隧道线位沿线经过大岭村西北侧山体的东侧坡脚处，自大岭村原址西侧自北向南至K7+500处为终点，继续向南与白土岗大桥连接。隧道为分离式隧道，属中长隧道，左线起讫里程K6+511.300～K7+473，总长961.7m，右线起讫里程YK6+535～YK7+500，总长965m，属中长隧道，最大洞顶埋深约102.7m，隧道洞底高程设计高程自北往南约为257.0～289.0m	隧址区为鲁中南构造侵蚀为主的中低山丘陵区，强～弱切割、剥蚀溶蚀中低山丘陵亚区，地表植被茂盛，高大乔木林立。隧道洞身地形起伏呈"M"状，隧道两端地面标高较低，其余部分地面标高较高，地形起伏较大，隧址区地面标高268.0～379.2m，相对高差约111.0m，隧址区植被茂盛，坡角6°～42°，隧道最大埋深约121.50m。隧址区地层由第四系残坡积土层、寒武系中强风化灰岩组成。隧址区位于鲁西台背斜北翼，基底为泰山群变质岩系，盖层为早古生界奥陶纪巨厚层碳酸盐岩。盖层呈单斜构造产出，区内以断裂构造为主，褶皱构造不发育。隧址区地下水类型主要有松散岩类孔隙水、基岩风化带网状裂隙水和基岩构造裂隙水

6.3.2 信息传输模式

信息传输主要有视频传输、数字传输、电信号传输等方式。视频传输为"现场—中心"视频远程传输、LED屏显示模式，数字传输为现场的施工信息动态上传、更新在电脑终端的呈现模式，电信号传输为数据异常报警模式。

现场采集的数据以固定电子文档形式上传至软件系统，并在后台处理后进行前台展示，针对各类信息，进行信息梳理、编辑、加载等一系列标准化处理，在软件前台以标准形式显示。

6.3.3　信息管理

信息管理分为信息采集、信息处理、信息上传、信息编辑与信息反馈。

信息采集主要为隧道建设全过程的信息收集与整理，包括隧道群的基本信息、勘察设计、施工运营及风险信息。

信息处理主要为对采集的信息进行精简浓缩、关键信息筛选，去除无用信息，保留可用信息，一方面可节省软件系统的内存空间，另一方面让管理者对信息有针对性的甄别与管理。

信息上传主要是在软件系统后台对处理过的信息上传至数据库。

信息编辑主要是对上传的信息进行进一步的增加、删减、更新等基本编辑，使信息更加完整、科学。

信息反馈是指管理者基于信息查阅后在系统前台对信息的判断与控制。

(1)施工信息判断。根据隧道施工实时与历史进程情况，可作如下判断：

①掌子面与仰拱是否超过安全距离；

②掌子面与二次衬砌是否超过安全距离；

③隧道开挖揭露实际围岩级别与设计围岩级别是否有变化；

④隧道实际施工进度是否满足工期要求。

(2)监控预报信息判断。根据隧道实时与历史监控量测、超前地质预报情况，可做如下判断：

①超前地质预报中不良地质对施工的影响；

②监控量测中围岩与衬砌变形速率与累计值对施工的影响。

(3)视频监控信息判断。根据隧道内外视频监控网的实时情况，判断作业人员、机械、物料、管理、环境是否存在异常情况。

后台数据库的完备建立后或施工运营数据实时更新后，参见图6-24，进入前台管理界面，

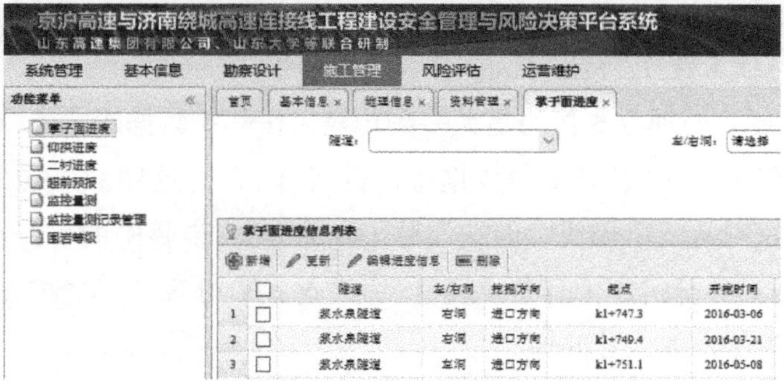

图6-24　后台信息管理界面

可对隧道群的总体概况、勘察设计、施工进程、运营情况、视频监控进行查阅,根据施工运营期间上传的实时数据进行信息判断。选择菜单栏的功能选项后,系统界面以网络地图与控件工具形式展示相应的数据库信息。由于系统应用模块较多,且篇幅所限,列出以下部分软件功能界面图。

6.4 阶段化数据融合与挖掘智能化管控

6.4.1 ETL 数据融合技术

ETL 即数据抽取(Extract)、转换(Transform)、装载(Load)的过程。它是构建数据仓库的重要环节。数据仓库是面向主题的、集成的、稳定的且随时间不断变化的数据集合,用以支持经营管理中的决策制定过程。数据仓库主要用于决策分析,为领导者提供决策支持信息。数据仓库系统中有可能存在着大量的脏数据,引起的主要原因有:滥用缩写词、惯用语、数据输入错误、重复记录、丢失值、拼写变化、不同的计量单位和过时的编码等。即便是一个设计和规划良好的数据仓库系统,如果其中存在着大量的脏数据,那么这个系统也是没有任何意义的,因为“垃圾进,垃圾出”(garbage in, garbage out),系统根本就不可能为决策分析系统提供任何支持。为了清除脏数据,必须在数据仓库系统中进行数据清洗。

数据清洗(data cleansing/data cleaning/data scrubing)是一个减少错误和不一致性、解决对象识别的过程。目前有很多数据清洗研究和 ETL 研究,但是如何在 ETL 过程中进行有效的数据清洗,此方面研究不多。笔者认为这包括三方面的内容:①ETL 处理方式的选择;②数据清洗的原理及在 ETL 中的应用模型;③数据清洗的具体实现过程。

数据抽取负责完成从数据源找到并取出当前主题所需的那部分数据,由于数据仓库中各个主题中的数据是按照前端应用的需求存放的,因此需要对抽取出的数据进行转换以适应前端应用的需要。转换后的数据就可以装入数据仓库了,数据加载过程定时进行,并且不同主题的数据加载任务有各自不同的执行时间表。

常见的 ETL 处理方式可分为以下三种:

(1)数据库外部的 ETL 处理

数据库外部的 ETL 处理方式指的是大多数转换工作都在数据库之外、在独立的 ETL 过程中进行。这些独立的 ETL 过程与多种数据源协同工作,并将这些数据源集成。数据库外部 ETL 处理的优点是执行速度比较快。但缺点是大多数 ETL 步骤中的可扩展性必须由数据库的外部机制提供,如果外部机制不具备扩展性,那么此 ETL 处理就不能扩展。

(2)数据库段区域中的 ETL 处理

数据库段区域中的 ETL 处理方式不使用外部引擎而是使用数据库作为唯一的控制点。

多种数据源的所有原始数据大部分未作修改就被载入中立的段结构中。如果源系统是关系数据库，段表将是典型的关系型表。如果源系统是非关系型的，数据将被分段置于包含列 VARCHAR2(4000)的表中，以便于在数据库内做进一步转换。成功地将外部未修改数据载入数据库后，再在数据库内部进行转换。这就是系列方法载入然后转换。数据库段区域中的 ETL 处理方式执行的步骤是提取、装载、转换，即通常所说的 ELT。在实际数据仓库系统中经常使用这种方式。这种方式的优点是为抽取出的数据首先提供一个缓冲以便于进行复杂的转换，减轻了 ETL 进程的复杂度。但是这种 ETL 处理的缺点有：(a)在段表中存贮中间结果和来自数据库中源系统的原始数据时，转换过程将被中断。(b)大多数转换可以使用类 SQL 的数据库功能来解决，但它们可能不是处理所有的 ETL 问题的最优语言。

(3)数据库中的 ETL 处理

数据库中的 ETL 处理方式使用数据库作为完整的数据转换引擎，在转换过程中也不使用段。数据库中的 ETL 处理具有数据库段区域中的 ETL 处理的优点，同时又充分利用了数据库的数据转换引擎功能，但是这要求数据库必须完全具有这种转换引擎功能。目前的主流数据库产品 Oracle 9i 等可以提供这种功能。

综上分析三种 ETL 处理方式，数据库外部的 ETL 处理可扩展性差，不适合复杂的数据清洗处理，数据库段区域中的 ETL 处理可以进行复杂的数据清洗，而数据库中的 ETL 处理具有数据库段区域 ETL 处理的优点，又利用了数据库的转换引擎功能。所以为了进行有效的数据清洗，应该使用数据库中的 ETL 处理。

数据清洗的目的是保证数据仓库数据质量。对于什么是数据质量，文献将其定义为数据的一致性(consistency)、正确性(correctness)、完整性(completeness)和最小性(minimality)这 4 个指标在信息系统中得到满足的程度。根据处理的是单数据源还是多数据源以及问题是模式层的还是实例层的，文献将数据质量问题分为 4 类：单数据源模式层问题(如缺少完整性约束、糟糕的模式设计等)、单数据源实例层问题(如数据输入错误)、多数据源模式层问题(如异构数据模型和模式设计等)、多数据源实例层问题(如冗余、冲突、不一致的数据等)。

单数据源中出现的问题在多数据源中也有可能出现，并且这种现象也是普遍发生的。模式层次上的问题也会体现在实例层次上。模式层次的问题可以通过改进模式设计、模式转化和模式集成来解决。但实例层次的问题在模式层次上是不可见的。所以数据清洗主要针对实例层次的数据质量问题。

数据清洗实际就是利用有关技术如数理统计、数据挖掘或预定义的数据清洗规则将脏数据转化成满足数据质量要求的数据。按数据清洗的实现方式与范围，可将数据清洗分为四种：

①手工实现方式：用人工来检测所有的错误并改正。这只能针对小数据量的数据源；

②通过专门编写的应用程序：通过编写程序检测/改正错误。但通常数据清洗是一个反复进行的过程，这就导致清理程序复杂、系统工作量大；

③某类特定应用领域的问题,如根据概率统计学原理查找数值异常的记录;

④与特定应用领域无关的数据清洗,这一部分的研究主要集中于重复记录的检测/删除。

在数据仓库系统中,数据清洗是ETL过程中的一个重要环节,主要任务是检测并删除/改正将装入数据仓库的脏数据。由于数据仓库的多种异构数据源和海量数据,数据清洗应是与领域无关的。而且数据清洗不是ETL中一个单独的步骤,需要与数据抽取、数据转换集成、数据载入统一使用,需要进行循环处理。如果数据源是一个能力比较强的DBMS,则可以在数据抽取过程中使用SQL来完成一部分的数据清洗工作。但是有一些数据源不提供这种能力(如数据源3),则只能直接将数据从数据源抽取出来,然后在数据转换的时候进行清洗。数据仓库中的数据清洗主要还是在数据转换的时候进行的。使用数据库ETL处理方式中的DBMS的转换清洗能力完成大部分的工作,这样数据清洗就充分利用了DBMS提供的功能。

6.4.2 数据挖掘技术

数据挖掘(Data Mining)是将数据向知识规律转化的过程。在实际操作中,数据挖掘是指将元数据经过清洗、整合、转化等成为适合于分析挖掘的数据集,再根据不同数据集的特征构建挖掘模型,通过对挖掘模型一定数据集的训练和学习,最终利用该模型对相应的知识数据模式进行预测、聚类、关联等,从而辅助决策工作的实施。因此,数据挖掘的主要目的是将大量的数据源中提取那些隐含的、实用的、高效的知识、模式和规律,并将这些知识、模式和规律利用于将来的分析预测及判断中。

数据挖掘的流程一般包括:数据采集、数据预处理、主题挖掘、知识可视化,如图6-25所示。

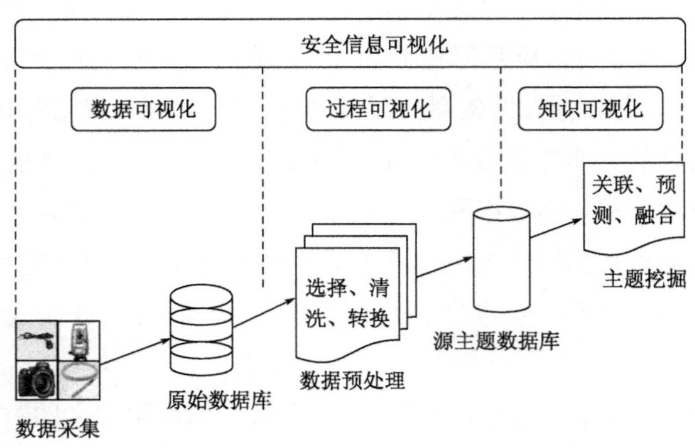

图6-25 数据挖掘流程

数据采集:通过多种传感器、接收器、监测设备、检测仪器等多维数据采集手段,全方面采集隧道施工中产生的数据,并保存到本地数据库。

数据预处理:包括数据选择、数据清洗、数据转化,数据选择是指在产生的大量的数据中剔除掉一部分明显不属于隧道施工相关信息的“坏数据”;数据清洗是指将选择的出来的数据进行一次清洗和标准化;数据转化是指将源数据转化成可供数据挖掘的主题数据。

主题挖掘:根据待挖掘的数据结构及主题,采用关联、聚类、预测等相应的数据挖掘方法,对源数据进行挖掘分析,并最终形成知识、规律等有意义的结果。

知识可视化:使用合适的可视化技术,将数据、挖掘过程、知识规律用合理布局、色彩渲染叠加等技术手段形成结构更清晰、知识更明显、效果更突出的图谱,让使用者能对可视化结果有更深刻的理解及记忆,因此可视化技术贯穿在安全风险信息挖掘的全过程中。

6.4.3　数据挖掘智能应用

6.4.3.1　隧道施工信息数据挖掘

隧道施工信息化的快速发展,安全监测数据主要已结构化、连续化处理方式进行存储利用,在数据库基础上利用较成熟的数据挖掘软件(SPSS、Waka、Neurosolutions 等)对一些监测数据进行预测预报的研究随之展开。然而施工中海量的非结构化数据的积累,激发了对不同数据结构的深层次应用,改变数字化隧道中面临的“数据爆炸而知识匮乏”的现象,充分利用多源异构信息提高隧道施工的安全性,稳定性。

动态风险评估的核心是利用隧道施工中收集到的动态信息数据开展综合评估,实时的数据挖掘手段能有效地揭示数据的内部规律,将风险信息透明化、可视化。因此,在常规的风险评估的基础上,数据挖掘能在以下几个方面对其进行优化:

(1)利用动态实时的数据信息,获取实时安全状态。利用数据挖掘技术中的时间序列预测手段,能在大量的历史数据的训练样本下,预测数据的变化趋势。因此,有效的针对隧道施工这种复杂的非线性系统的时间序列数据挖掘模式将是提高实时动态数据预测精度的重要保障。

(2)利用多维结构数据,全面掌控隧道信息。具体的讲多维结构数据主要是指在隧道开挖中通过多种方式获取的文档、图片、视频等非结构化数据。通过文本型数据挖掘对其中的关键词、危险词等的提取和关联,将重点放在对有效信息和知识的功能转换。同时,针对掌子面图片、施工图片等的挖掘,主要是在模式和知识层面上,汇总从图像数据中体现知识的相关文字资料和语义概念,并基于此语义信息,实现图片的目标识别,及与其他知识关联规则挖掘等。

(3)数据挖掘过程的可视化,以及知识的可视化,能更好地将隧道风险可视化,实现风险的可视监控与控制。可视化技术是数据挖掘的一个重要表现形式,增强对风险的直观认识,提高风险管控意识。

6.4.3.2　文本挖掘

文本挖掘(Text Mining)是指从大量非结构化文本信息中获取隐含的、可理解的、有用的知识和规律的过程,运用这些有效的知识和规律能为未来的行动做有价值的参考。文本挖掘技术涉及信息技术、文本模式识别、数据库技术、统计学、机器学习以及数据挖掘等多个领域的知识,是一项以不同领域的实际应用来驱动的。文本挖掘流程由文本采集、文本预处理、降维处理、数据分析、结果可视化等组成,如图 6-26 所示。

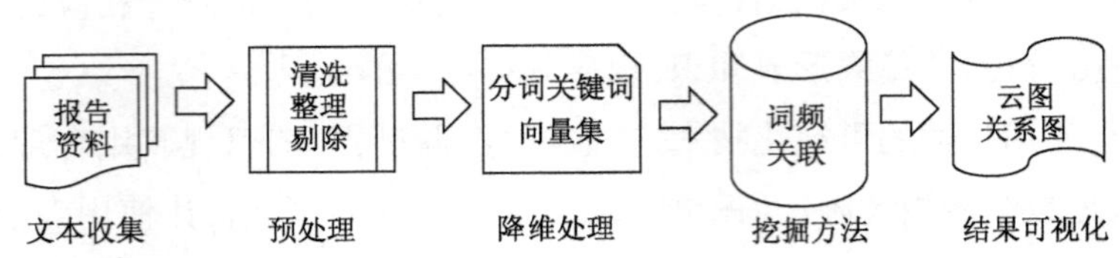

图 6-26　文本挖掘流程

文本挖掘是应用驱动的一项技术,其分词词库也应该是针对该方向领域的专有词库。采用常规的词库,将无法对专有文本进行比较全面准确的理解,因此在正确选择算法的情况下,合理的构建分词词库将是提高文本挖掘在该领域应用的必要工作。本文为了达到良好的文本挖掘效果,将构建一个适用于隧道施工风险信息数据文本挖掘的分词词库,见图 6-27。

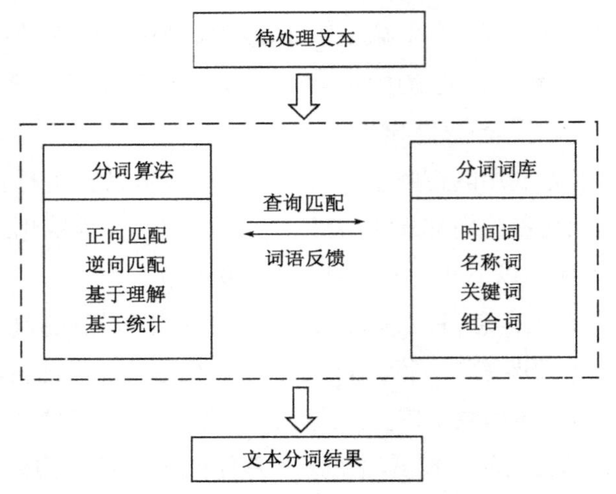

图 6-27　文本挖掘分词系统结构

6.4.3.3　依托工程应用

隧道从勘察设计到施工准备将会产生大量的文本资料,其中包括《隧址区水文地质勘察报告》《隧道静态风险评估报告》《工程可行性报告》《专家论证会议总结》等全面反应隧道水文地质风险、人员风险整体情况的报告资料,通过收集资料,收集上述资料并转换成“. txt”格式的文本文件,利用“jiebaR”分词包及“wordCloud2”词云程序包进行处理。出现的高频词中能在一定程度地反映出文本内容的整体情况,选择高频词中出现的次数排序在前 150 位次的词,通过“wordCloud2”词云包的结果展示,结果见图 6-28。

从图 6-28 的隧道全局搜索静态分析词云图中展现的情况可见,词频出现的次数越高则在图中的显示越大。其中,隧道围岩整体为灰岩,风化程度较高,围岩裂隙较发育,地质风险较高,在施工中应加强管控,注意施工中的掉块等风险,加强超前地质预报,及时跟进监控量测控制围岩变形。

同时,为了有效地借鉴同类工程中的有价值经验教训,收集了50余条超大断面隧道的施工建设相关资料,汇总整理成超大断面隧道施工安全案例库,通过词频分析构建安全案例的词云,通过词云结果分析的是各个风险因素的单一个体。然而风险事故的发生并非由单一的致险因素导致,在文本挖掘的分析方法中选择共现分析方法,分析超大断面事故调查报告中的风险源的共现情况。共现分析是统计两种风险源(如围岩破碎—塌方、高温—火灾)在同一文中共同出现的次数,从而实现文本集中的风险源共同致灾的隐含关系挖掘。利用Gephi软件实现隧道施工安全风险事故风险源共现网络结构图,如图6-29、图6-30所示。

图6-28　隧道全局搜索静态分析词云图

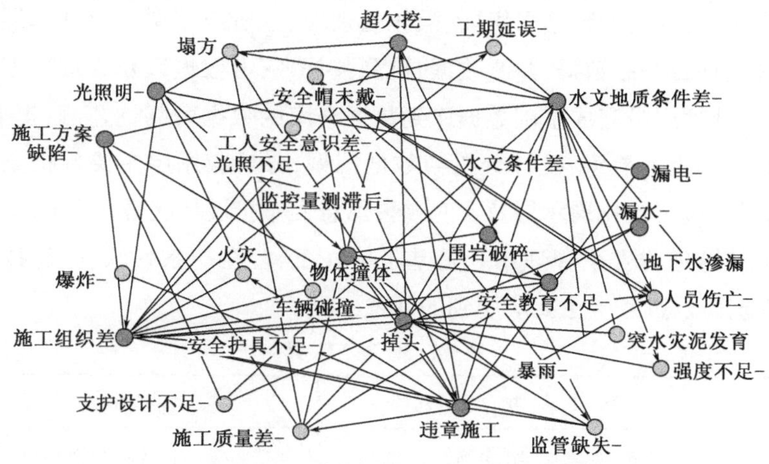

图6-29　隧道施工安全风险事故致险因素共现网络结构图

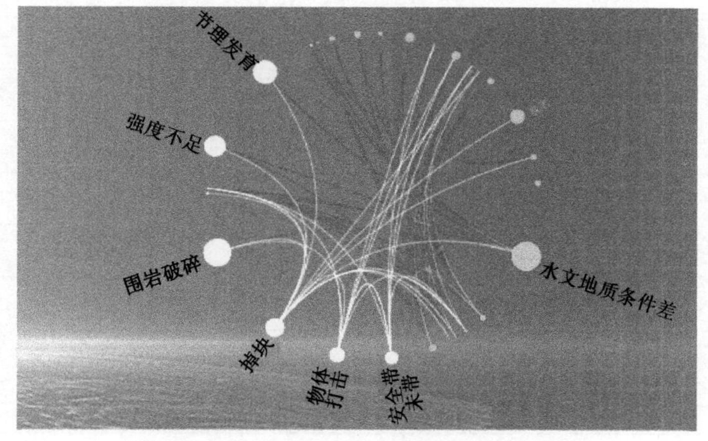

图6-30　施工事故掉块的致险因素共现网络图

第7章 大数据与云计算平台管理系统

7.1 基于大数据和云计算平台的管理系统研发

7.1.1 系统开发与实现

依据系统的业务流程、数据操作流程以及各模块之间功能实现的逻辑关系,将系统的总体逻辑结构划分为4个层次,即数据采集层、操作处理层、分析应用层以及展示层。其中数据采集层主要负责隧道项目基础数据、监测数据、检测数据、灾害数据以及管理数据的采集、传输、共享和发布;操作处理层是完成基础数据库到数据仓库的数据可靠性监测、提取与转换,以及面向主题数据仓库的查询检索、统计分析与数据挖掘;分析应用层主要预报业务进行分析处理,并将处理结果通过可视化展示层及实时预警信息发布扩展功能进行发布和共现。

超大断面公路隧道群安全管理系统是基于依托工程,在一系列软、硬件技术支持上实现的。表7-1为系统研发过程中主要应用到的开发工具。

系 统 开 发 工 具　　表7-1

序号	软 件 类 型	开 发 工 具
1	数据库服务器操作系统	Linux CentOS 6.7
2	应用服务器操作系统	Linux CentOS 6.7
3	客户端操作系统	Windows 7
4	数据库	MySQL 5.7
5	地图发布服务器	Windows Server 2008
6	空间数据管理工具	GDAL/OGR
7	空间数据引擎	GeoServer 2.9.2
8	地图展现	OpenLayers 3
9	系统开发工具	Eclipse . NET 2010
10	系统开发语言	Java/C + + /JS

软件系统框架如图7-1所示。

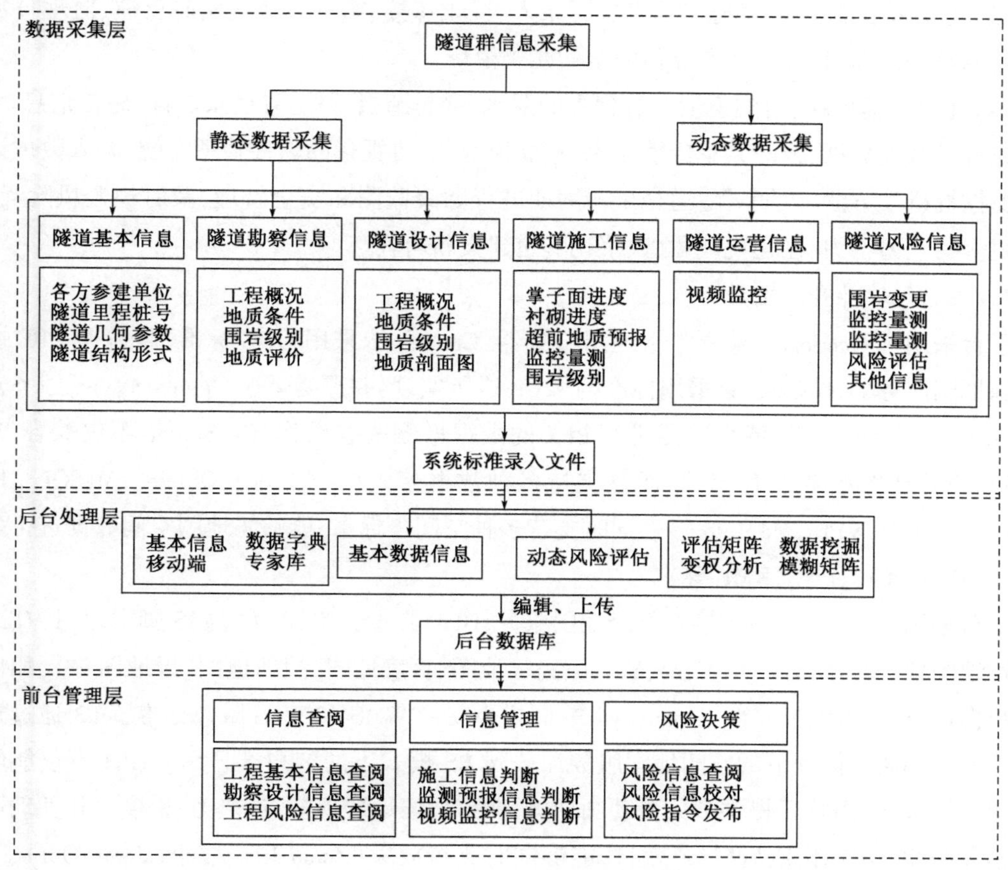

图7-1　软件框架示意图

7.1.2　软件实体开发

7.1.2.1　软件开发目标

依托济南绕城高速、京沪高速济南连接线工程进行。该线共设6座隧道，均为上下行分离的4车道超大断面高速公路独立隧道。隧道累计长度近10km，其中浆水泉隧道单洞全长3.1km，为国内最长4车道高速公路隧道。根据现有资料，该线隧道工程无论是工程规模、开挖跨度及长度还是地质复杂程度都是全国少见，且岩层近水平层状发育，不稳定掉块极易发生，施工风险高、施工难度大。

基于依托工程，开发超大断面公路隧道群建设全过程安全管理系统，达到如下目标：

(1)建立隧道群数据库，包含隧道工程信息、地质信息以及不良地质、灾害信息，以图表、列表、滚动文字呈现，突出人机交互界面。

(2)建立勘察设计模块，对依托工程隧道群进行信息完整录入，可供随时调取查询，或用于后续阶段的参考对比。

(3)建立施工模块,具备施工信息实时录入、视频嫁接、第三方数据实时反馈、监理日常反馈、传感器导入、围岩分级、动态评估的全功能子模块。

(4)建立运营模块,对隧道运营过程中的漏水、穿越断层,可追寻勘察设计、施工信息。

充分融合大数据、云端共享传输技术,建立模块化、可视化的软件管理系统,融入数理评估和数据挖掘科学方法,以期对隧道全生命周期进行健康监测和安全管理,及时规避风险问题,节省更多的人力物力,创建现代化、数字化隧道建设新时代。

7.1.2.2　软件开发工具

平台采用了 GeoServer 建立整个地图服务器,GeoServer 采用 OGC 标准,是遵循 CPL 协议的开源地图服务器,GeoServer 采用标准的 J2EE 进行实现,并严格遵循 OpenGIS Web 服务器规范,GeoServer 允许对空间特征数据进行相关的数据增删改查操作,GeoServer 不仅兼容 WMS 和 WFS 两种地图服务发布流程,而且支持多种数据接入(Shapefile 、Oracle 、MySQL 、PostgreSQL、ArcSDE 、VPF 、MapInfo 等),同时支持多种空间坐标系,能够将地图空间数据进行多格式数据(JPEG、GIF、PNG、KML 等)。

平台采用了 OpenLayers3 接入整个地图服务,OL3 是基于 WEBGIS 的 JS 脚本库,其 OL3 支持多种地图数据来源(Google Maps、Yahoo、高德地图、百度地图、搜狐地图、天地图等),相应的空间数据可以进行图层叠加。OpenLayers3 同样也支持 WMS 和 WFS 服务标准,OL3 通过远程服务方式,将 OGC 标准下的空间地图服务加载到 BS 模式下的客户端显示。OL3 不仅能够介入地图数据服务,而且还提供了矢量动画功能,能够方便地展现散点、热力、密度等相关动画效果。不仅如此,OL3 还支持 AJAX 效果,能够同时支持放大(Zoom In)、缩小(Zoom Out)、平移(Pan)等效果,甚至能够结合 D3js 脚本库进行大数据的动态渲染和实时操作。

通过接入 GIS 技术,平台在基于 Spring 框架下采用 MySql 数据库进行整体平台框架的搭建,采用 TCP/UDP 协议搭建整体视频监控框架和数据采集框架。

7.1.2.3　软件特点概述

超大断面公路隧道群建设全过程安全管理系统是基于依托工程的工程背景、地质条件,将隧道群的勘察、设计、施工、运营全过程的信息收集、提炼、人机交互进行管理。计算机技术成为了工程界数据、理论知识运用的载体,工程管理具有了远程控制、可视化、数据信息化等特点。该软件系统的功能特点主要有以下几点。

(1)数据资料信息化。该系统将京沪高速济南连接线工程和济南绕城高速济南连接线工程各隧道的地勘报告、设计资料、图纸资料以及施工资料进行收集提炼,按照软件设计既定的名目分类,数据形式分为文字、图片,将数据信息构筑成数据库系统,嵌于软件系统内。软件中数据主要以 LIST 控件进行表达,并留有更新、增加等友好功能,完善数据,更新数据。

(2)视频可视化。软件中设计有视频监控模块,将现场的视频硬件传输回来的信息反映在电脑与 LED 屏上,清晰明了。软件系统中将视频监控功能与 GIS 功能结合起来,可在软件界面上显示不同隧道、不同监控器在地图上的位置,便于管理和维护。

(3)风险评估管理。在该软件系统中设计有风险评估模块,风险评估分为勘察设计静态评估和施工阶段动态评估。根据具体的隧道地质情况,风险类型分为突水风险和塌方风险。突水风险评估中选择地下水位、不良地质、地层岩性、地形地貌、岩层产状作为静态评估的风险因子,选择地下水位、不良地质、地层岩性、地形地貌、岩层产状、监控量测、地质预报、施工水平作为动态评估的风险因子。塌方风险评估选择围岩级别、隧道埋深、地下水作为静态评估的风险因子,选择围岩级别、隧道埋深、地下水、开挖方式、开挖跨度、施工水平作为动态评估的风险因子。软件中设置有风险评估的输入编辑框,评估方法经过编程于软件中,形成用户友好输入、智能判断、评估的软件界面。

7.1.2.4 软件总体框架

针对整体隧道数据可视化,整体软件框架主要分为三大部分:

(1)隧道大数据采集录入系统:隧道大数据采集录入平台主要提供相应的可视化数据,例如传统的隧道定位信息、勘察设计信息、施工管理信息、超前预报信息、视频监控接口、边界数据显示、区域面积显示和动画迁移效果等。该系统主要为风险评估核心提供数据录入和数据挖掘的接口,为空间数据平台提供标示数据,提供详细的 GPS 坐标定位和整个隧道生命周期内业务流程的可视化数据,例如表单,表格和相关关联关系。

(2)空间数据服务器开发:空间数据服务器主要提供 GIS 中的地图空间数据,包含空间数据的存储、发布、分割和相关矢量数据的渲染方式。平台提供三种数据渲染方式,采用 SLD 进行数据渲染和实时样式数据渲染两种方式和混合方式既保证了数据可视化的效率,同时也保证了数据可视化的独立性和满足业务数据相应的特殊可视需求。

(3)前台页面展现开发:采用 OL3 对地图数据进行接入,并根据传统的 HTTP 请求获得业务数据后对相应的数据在空间数据中进行展现,采用 SLD 和实时样式表对数据进行渲染和可视化,最终满足整体业务数据和空间数据的可视化需求。

整体平台系统的软件数据流程如图 7-2 所示。

7.1.3 基于大数据和云平台的管理模式

大数据(big data),指通过先进的数据分析技术,对大量数据进行关联分析,得出一些以前没有能用因果关系推导出来的现象关系。大数据具有 4V 的特点:Volume(大量)、Velocity(高速)、Variety(多样)和 Value(价值)。大数据的来源主要有 3 个方面:行业内部自身产生的数据、相关行业的导入数据、公众交互的数据。

该软件系统将隧道建设全过程数据进行收集、融合、储存在云平台中,通过客户端的搜索引擎,进行信息查询、信息应用与信息管理,见图 7-3。

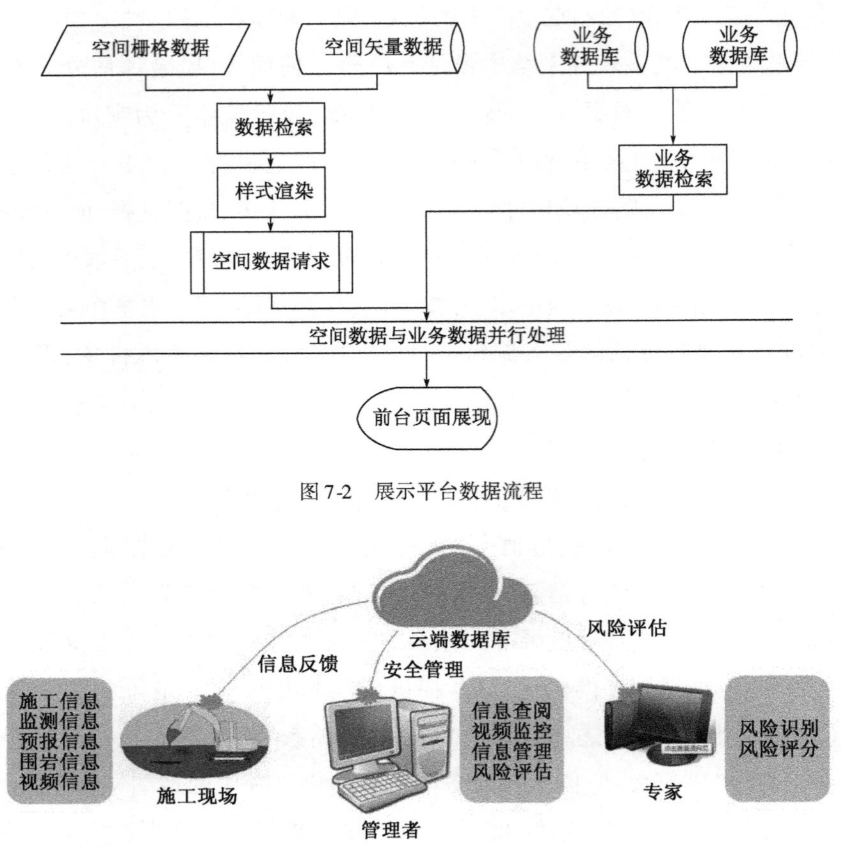

图7-2　展示平台数据流程

图7-3　软件系统云管理模式

7.2　软件功能与界面设计

7.2.1　软件功能概述

(1)基本信息

系统施工模块是用于项目中隧道基本信息、隧道施工进度管理、施工监/检测数据采集,并依据动态施工信息,更新隧道信息可视化图元,便于施工管理,见图7-4。

(2)资料管理

资料管理界面展示隧道的资料记录,见图7-5。

7.2.2　勘察设计模块

(1)围岩等级

围岩等级页面展示隧道的勘察设计围岩等级,见图7-6。

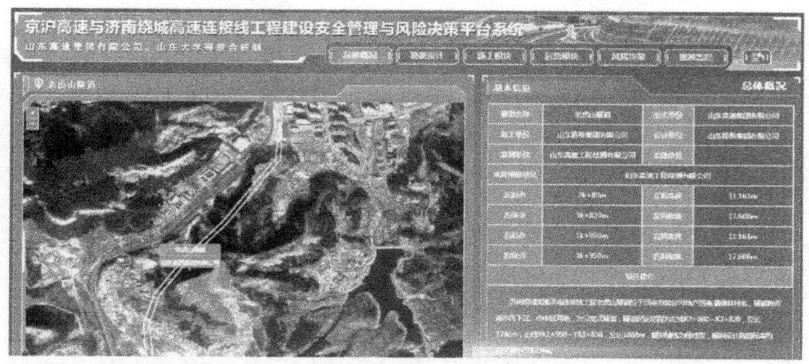

图 7-4　基本信息界面

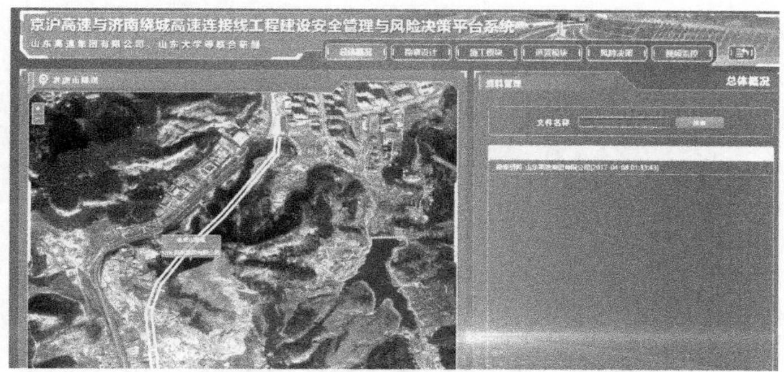

图 7-5　资料管理界面

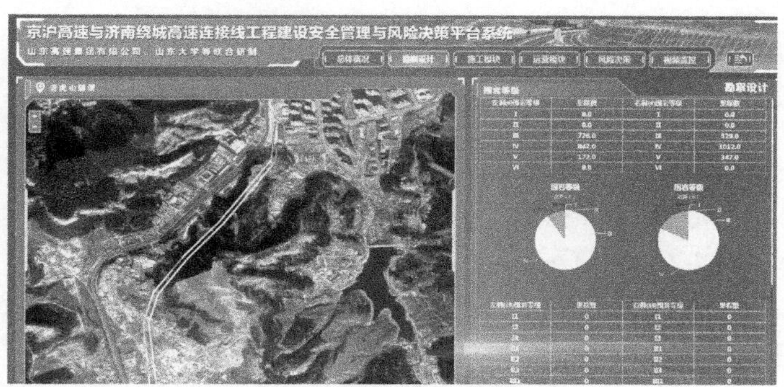

图 7-6　围岩等级界面

(2)勘察信息

勘查信息页面展示隧道勘查信息,见图 7-7。

(3)设计信息

设计信息页面展示隧道勘察设计信息,见图 7-8。

(4)文档管理

文档管理展示隧道勘察设计文档,见图 7-9。

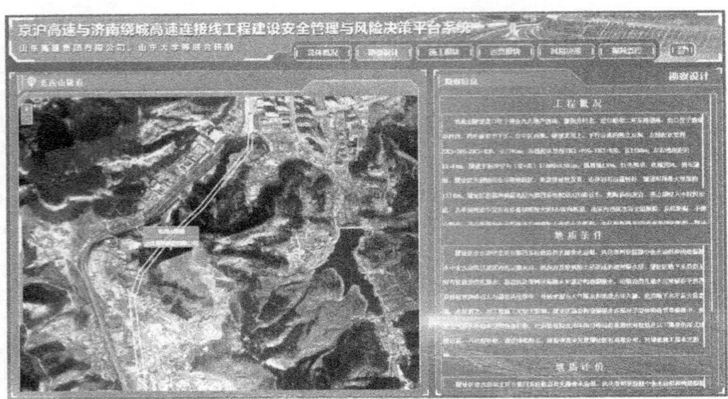

图 7-7　勘察信息界面

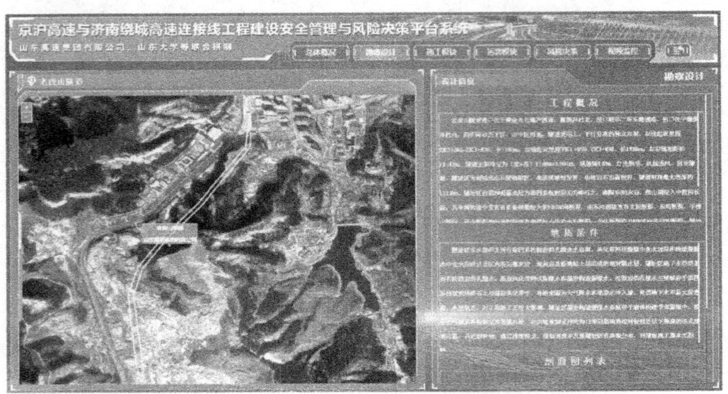

图 7-8　设计信息界面

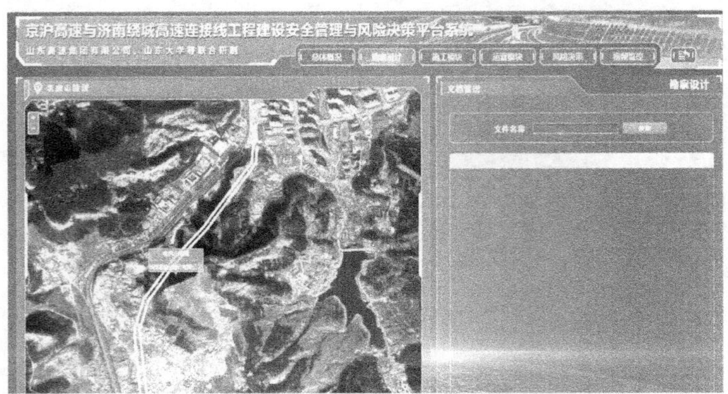

图 7-9　文档管理界面

7.2.3　施工管理模块

(1)初支进度

初支进度展示施工阶段隧道初支进度信息,见图 7-10。

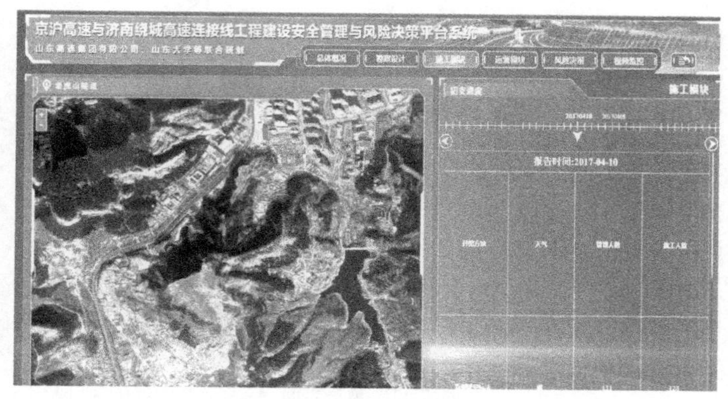

图 7-10　进度界面

（2）二衬进度

二衬进度展示隧道施工阶段二衬进度表，见图 7-11。

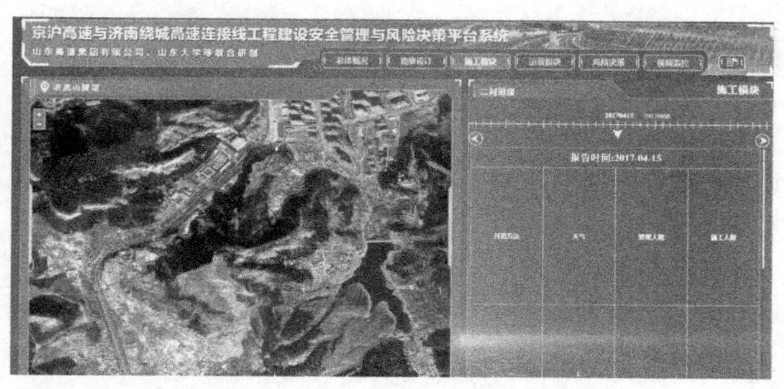

图 7-11　进度界面

（3）超前预报

超前地质预报是隧道施工过程中，采用钻探、物探等探测方法来掌握掌子面前方的围岩结构、稳定性、地下水赋存情况，以及不良地质体发育规模情况。超前地质预报信息能进一步了解隧道施工中对潜在风险的控制，指导隧道安全施工，能有效地避免隧道施工过程中因对前方围岩探测不明而盲目施工导致的塌方、突涌水、瓦斯爆炸等巨大地质灾害，见图 7-12。

（4）监控量测

监控量测模块是用于动态反映隧道施工过程中因隧道施工开挖导致的围岩变形情况，并建立起监控量测的动态更新数据库。监控量测作为隧道新奥法施工的三大核心要素之一，可以实现围岩、支护的变形监测，及时地掌握围岩、支护结构的动态信息并反馈，具有非常强的施工指导意义，见图 7-13。

（5）记录管理

记录管理展示隧道施工阶段记录资料，见图 7-14。

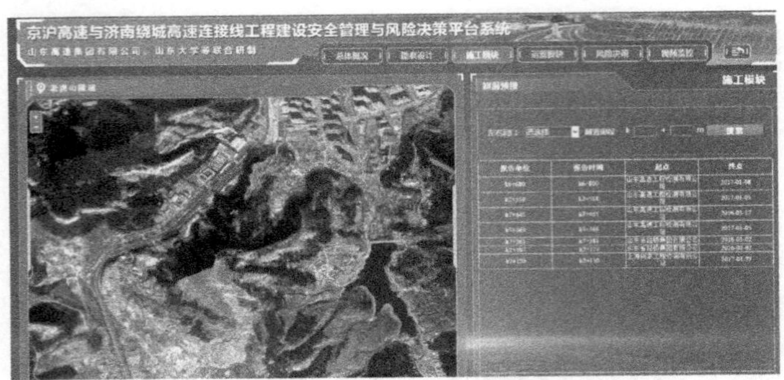

图 7-12　预报界面

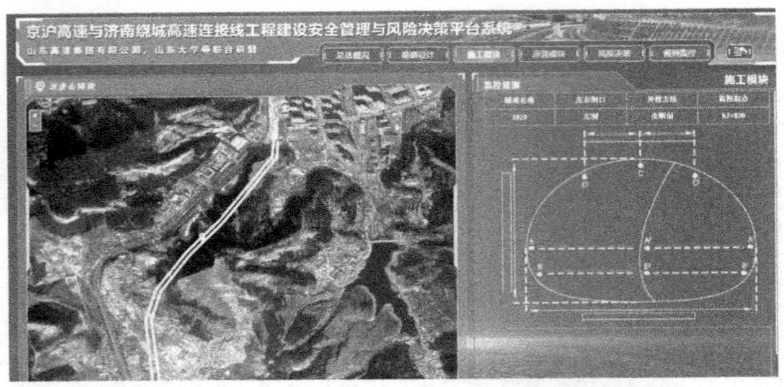

图 7-13　量测界面

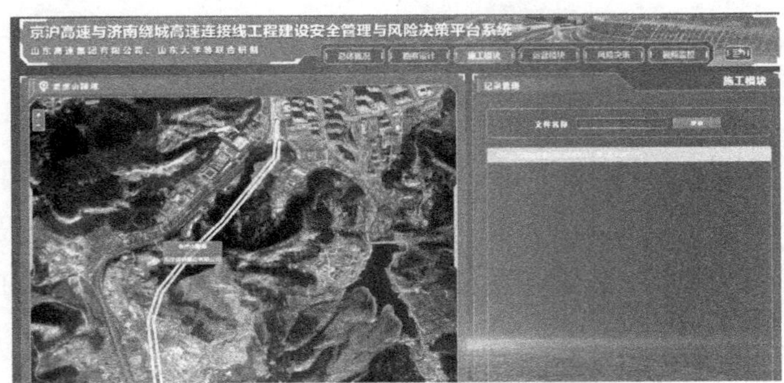

图 7-14　管理界面

(6)围岩等级

围岩等级展示隧道施工阶段围岩等级信息,见图 7-15。

7.2.4　运营管理模块

运营管理模块是将各隧道在投入运营后的日常情况进行反馈和监控。先在软件中暂时设置了视频监控模块，待后期投入运营后，根据实际的监控器排布情况，嫁接到软件系统中，完成隧道群全过程安全管理的最后一站，见图 7-16。

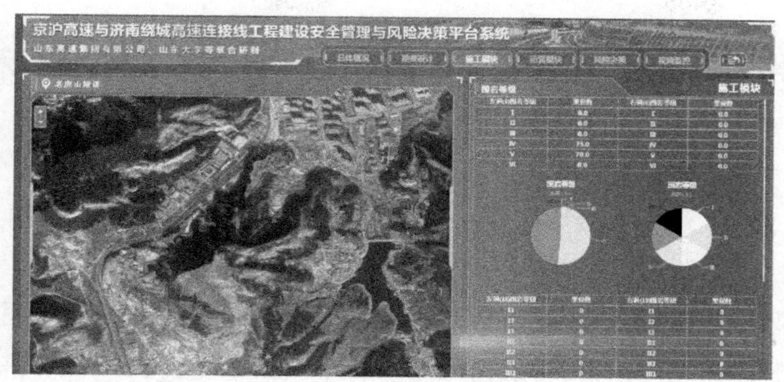

图 7-15　等级界面

图 7-16　监控界面

第 8 章　风险评估与管理决策

8.1　全过程风险动态评估与管理决策机制

风险评估模型库是旨在服务依托工程施工全过程的风险评估，模型从人员、机械、物料、管理方法、环境五个风险因素角度出发，将隧道施工过程中风险要素进行耦合分析，既考虑了单一因素的影响程度，也考虑了不同因素之间的作用关系及程度，从而更利于解决风险事故的复杂性。由于风险因素及施工扰动动态效应，系统考虑了风险演变过程，即系统模型的动态调整性。由于风险因素的覆盖性，因此可以针对隧道多种风险源进行风险评估，诸如塌方、突涌水、火灾等。

模型的主要框架是利用风险因素的权重与模糊函数，求解风险等级隶属度，确定风险等级。模型从定量与定性角度综合考虑施工风险，风险因素的主观权重采取两级结构进行分析获得，因素分级如图 8-1 所示。客观权重采用数据挖掘技术取得。在数据挖掘中，通过收集依托工程大量文本资料，转化成“. txt”文本进行词频分析，利用“WordCloud2”词云包进行结果展示，同时，为了借鉴同类工程的有价值经验，收集了 50 余条超大断面隧道的施工建设资料，汇总整理成超大断面隧道施工安全案例库，经过词频分析，获得风险因素的关系及客观权重，模型库结构如图 8-2 所示。

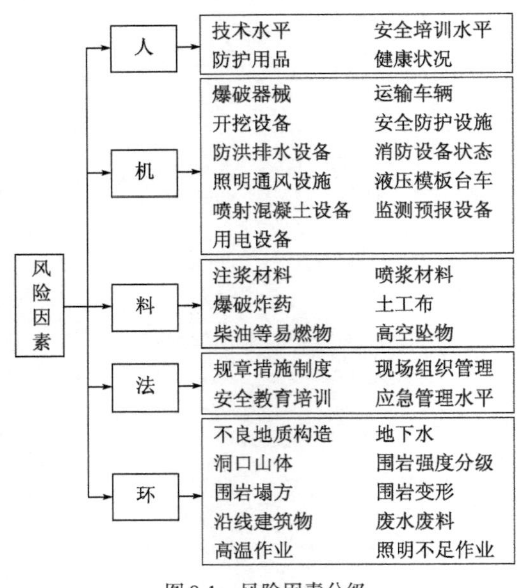

图 8-1　风险因素分级

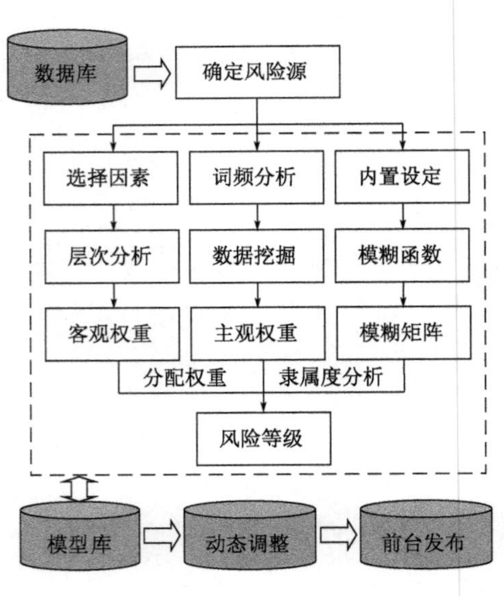

图 8-2　系统模型库结构

8.1.1　层次分析法

层次分析法用以分析各因素的主观权重。层次分析法(AHP)是20世纪70年代由美国运筹学家T. L. SATY提出的一种系统化、层次化的分析方法,可将复杂的风险问题细化成组成元素的问题。其基本原理是:按照相关关系选择评价对象的典型影响因素,将这些因素按照支配关系组成一定递阶层次结构,同一层次下的各因素进行比较和计算,得到各个影响因素的风险权重,从而清晰判断出影响因素对风险对象的作用程度,为方案的优选提供有利的依据。该方法主要依靠方案决策者的主观判断,计算步骤较为简单,使定性与定量解决途径有效结合,已经成为了风险与评价等问题的广泛应用手段。

层次分析法的特点是在对复杂的决策问题的本质、影响因素及其内在关系等进行深入分析的基础之上,利用很少的定量信息使决策思维过程逻辑化,最终为多目标、多准则或无结构特性的复杂决策问题提供简单可靠的决策方法。

层次分析法自20世纪80年代我国引进以来,因其定量与定性相结合地处理各种决策因素的方式,以及其系统灵活简捷的特点,迅速在我国社会经济各个领域内得到了广泛的重视和应用。其基本原理是将决策因素划分成不同的组成要素,通过组成要素间的相互影响与隶属关系将组成要素按不同层次进行组合,形成一个多层次的分析结构模型,从而使问题归结为最低层次相对于最高层的相对重要权值的确定或相对优劣次序的排定。利用层次分析法进行隧道施工风险评估的步骤如下:

(1)根据当前隧道施工风险指标体系,建立递阶层次结构。

(2)构造两两比较矩阵(正互反矩阵),见表8-1。隧道施工风险指标体系中每个影响隧道施工的风险因素重要程度不同,因此需要赋权重加以反映。

两两比较矩阵　　表8-1

	U_1	U_2	…	U_j	…	U_n
U_1	a_{11}	a_{12}	…	a_{1j}	…	a_{1n}
U_2	a_{21}	a_{22}	…	a_{2j}	…	a_{2n}
…	…	…	…	…	…	…
U_i	a_{i1}	a_{i2}	…	a_{ij}	…	a_{in}
…	…	…	…	…	…	…
U_n	a_{n1}	a_{n2}	…	a_{nj}	…	a_{nn}

完成这一步一般需要经验丰富的隧道工程专家,从第二层开始,请专家按照表8-2所示的规则对因素层和子因素层间的相对重要性给出评估和赋值,得出判断矩阵。

因素两两间相对重要性评估准则及其重要性赋值　　表 8-2

元素	标度	规　则
a_{ij}	1	以上一层元素为对比准则，本层元素 i 与元素 j 相比，相同重要
	3	以上一层元素为对比准则，本层元素 i 与元素 j 相比，i 比 j 稍微重要
	5	以上一层元素为对比准则，本层元素 i 与元素 j 相比，i 比 j 明显重要
	7	以上一层元素为对比准则，本层元素 i 与元素 j 相比，i 比 j 强烈重要
	9	以上一层元素为对比准则，本层元素 i 与元素 j 相比，i 比 j 极端重要

注：a_{ij}为两两比较的评价因素打分值，其取值也可以取上述标度的中值，2、4、6、8 及其倒数，即若因素 i 与因素 j 比较得 a_{ij}，则因素 j 与因素 i 比较得 $1/a_{ij}$。

（3）计算两两比较矩阵的最大特征值及其对应的特征向量。这一步不需要较高的精度，这是因为判断矩阵本身带有一定误差，应用层次分析法得出的各因素优先排序权值，本质上也只是表达了某种定性概念。为了计算机程序实现的方便，这里采用一种近似算法。

①计算判断矩阵每一行元素的乘积 M_i。

$$M_i = \prod_{j=1}^{n} b_{ij} \qquad (i = 1,2,\cdots,n) \tag{8-1}$$

②计算 M_i 的 n 次方根$\overline{W_i}$。

$$\overline{W_i} = \sqrt[n]{M_i} \tag{8-2}$$

③对向量 $\overline{W_i} = [\overline{W_1},\overline{W_2},\cdots,\overline{W_n}]^T$。

$$\overline{W_i} = \frac{\overline{W_i}}{\sum_{i=1}^{n}\overline{W_i}} \tag{8-3}$$

则 $\overline{W_i} = [\overline{W_1},\overline{W_2},\cdots,\overline{W_n}]^T$，即为所求的特征向量，$\overline{W_i}$为隧道施工风险因素权值。

④计算判断矩阵的最大特征值 $\lambda_{\max}$。

$$\lambda_{\max} = \sum_{i=1}^{n}\frac{(AW)_i}{nW_i} \tag{8-4}$$

⑤对两两比较矩阵的一致性检验。

两两比较矩阵的建立是依据专家经验的主观判断，因此可能出现诸如 U_1 比 U_2 重要、U_2 比 U_3 重要，而 U_3 又比 U_1 重要的不一致情况。为了保证层次分析法最终权重划分结果的可靠性，需进一步对两两比较矩阵进行一致性检验。为此定义一致性指标 CI 如下：

$$CI = \frac{\lambda_{\max} - n}{n - 1} \tag{8-5}$$

式中：n——两两比较矩阵的阶数；

$\lambda_{\max}$——两两比较矩阵的最大特征根。

然后查取随机性指标 RI,并计算 $CR = CI/RI$,当 $CR < 0.1$ 时,两两比较矩阵的一致性可以接受。随机性指标 RI 选取如表 8-3 所示。

平均随机一致性指标　　表 8-3

n	3	4	5	6	7	8	9	10
RI	0.58	0.90	1.12	1.24	1.32	1.41	1.46	1.49

根据风险因素数量查询平均随机一致性指标 RI,当 CI 与 CR 均小于 0.1 时,便可认为该判断矩阵一致性检验合理,同时特征向量 W 中的各元素即为风险因素的权重值。

8.1.2　风险评估变权理论方法

风险评估中最重要的是对各风险因素的权重确定,权重的设定是风险综合评价方法的一个重要内容,其是否科学合理,直接决定评价的精度。在对隧道施工的风险评估中,权重的确定采用有多种方法。其中,可以通过专家打分统计得到各因素的权重。但是在使用这些权重方法对隧道施工全过程风险进行评估时,常常使用固定权重对不同时间段的风险进行评估。经研究及实际操作发现,若风险因素中的某单独因素的权重过小,同时该因素的状态值处于危险事故发生的边缘,则该风险因素在综合评价是会因权重过小,使综合评价结果中得不到体现,最终使评估结果无法反映真实情况。对隧道施工的孕灾环境和致灾因素的动态性分析,应采用变权重理论的动态权重对隧道施工全过程的安全风险进行动态评估。动态权重强调的是因素的权重应因素的状态值的变化而变化。在不同的时空下,结合风险演化的情况,赋予不同的因素不同的权重,既能符合的模拟风险演化的规律,也能对的各风险因素的重要度给出合理综合评估结果。

变权分析是采用数据挖掘技术,通过词频分析求得各风险因素的客观权重,通过专家给定的分配权重,完成变权分析,得到各因素的综合权重。

权重是状态评价模型的重要信息,反映的是个体指标在评估过程中的地位和作用,是指标在评价过程中其相对重要度的一种主观度量的客观评定。因此对隧道施工风险各因素指标在评估过程中赋予不同的权重值,才能客观、准确地把握隧道施工中的安全状态,进而合理地确定权重是保证状态评价质量的关键。常权综合法在一定程度上反映了事物关于各基本因素的综合优度,在许多场合具有一定的合理性而被广泛地使用。然而,在隧道动态复杂的施工环境中,对风险的综合评估不仅要考虑对各基本指标相对重要度的偏好,而且要考虑对状态均衡程度的偏好。常权综合法在实际操作中只反映了各基本因素的重要性,但风险因素指标的状态值改变时,常权对于目标值的组态不能起到良好的制约均衡作用。因此,变权理论提出其实就是一个非线性加权综合法,可以对部分指标的状态值进行激励(或惩罚),还可以将整个评估指标体系权重进行合理的均衡处理,从而充分地反映了隧道施工中风险指标的复杂性、动态性的本质特征。

变权原理

变权综合是因素空间理论的重要建模原理之一，变权评价理论不同于常权评价理论的根本在于该理论不仅考虑各评价指标相对重要性，还考虑了指标状态值关于目标决策的水平组态。下面是变权理论的公理化定义。

定义所谓一组(m 维)变权是下述 m 个映射 $w_j(j=1,2,\cdots,m)$；

$$w_j:[0,1]^m \to [0,1],(x_1,\cdots,x_m) \mapsto w_j(x_1,\cdots,x_m) \tag{8-6}$$

满足三条公理：

①归一性：$\sum_{j=1}^{m} w_j(x_1,\cdots,x_m)=1$；

②连续性：$w_j(x_1,\cdots,x_m)(j=1,2,\cdots,m)$关于每个变元连续；

③单调性：$w_j(x_1,\cdots,x_m)(j=1,2,\cdots,m)$关于变元 x_j 单调下降(惩罚型)或单调增加(激励型)。

针对决策变量(也称风险评价指标状态值)，各基本因素的相对重要性是与各因素的状态值变化无关的，用公式表示常权向量如下：

$$\left.\begin{aligned} &W=(w_1,w_2,\cdots,w_m)\\ &w_j\in[0,1](j=1,2,\cdots,m)\\ &w_1+w_2+\cdots+w_m=1 \end{aligned}\right\} \tag{8-7}$$

为了避免因状态值的不均衡而导致的不合理综合评估，也应该对其状态加权，这些权重应当随状态值的不同而变化，故也称为状态变权向量，记为

$$S_x=(S_1(X),S_2(X),\cdots,S_m(X)) \tag{8-8}$$

其中 $X=(x_1,x_2,\cdots,x_m)\in[0,1]^m$，当中 W 也称为因素常权向量。

状态变权向量 S_x 可视为一个变化：

$$S_x:[0,1]^m \to [0,1]^m \tag{8-9}$$

$$\begin{aligned} X \mapsto S_x(x) &= S_x \cdot X = (S_1(X),S_2(X),\cdots,S_m(m))\cdot(x_1,x_2,\cdots,x_m)\\ &=(S_1(X)\cdot x_1,S_2(X)\cdot x_2,\cdots,S_m(X)\cdot x_m) \end{aligned} \tag{8-10}$$

其中，$S_x \cdot X$ 就是状态变权向量 S_x 与向量 X 的 Hardarmard 乘积，S_x 的作用是对状态向量 X 加权。由此，变权向量 $W(X)$ 就是因素常权向量 W 与状态变权向量 S_x 的(归一化) Hardarmard 乘积，用公式表示即为：

$$W(X)=\frac{(w_1S_1(X),\cdots,w_mS_m(X))}{\sum_{j=1}^{m}(w_jS_j(X))}=\frac{W\cdot S_x}{\sum_{j=1}^{m}(w_jS_j(X))} \tag{8-11}$$

因此,对一个评价指标体系的合理的变权,即为研究合适于隧道风险评价指标体系的状态变权向量 S_x 的结构是实现合理变权的基础。针对状态变权向量一般有惩罚型、激励型、混合型等。

A. 惩罚型变权是指在因素状态值减少时对应的权重增加,采用惩罚型变权综合函数进行状态综合时,每一个单因素状态值都不能太低,才能取得比较理想的综合值。以下均为惩罚型均衡函数:

$$\Sigma\alpha(x_1,\cdots,x_m) = \sum_{j=1}^{m} x_j^{\alpha} \qquad (0 < \alpha \leqslant 1) \tag{8-12}$$

$$\Pi_{\alpha}(x_1,\cdots,x_m) = \prod_{j=1}^{m} x_j^{\alpha} \qquad (\alpha > 0) \tag{8-13}$$

B. 激励型变权是指在因素状态值减少时对应的权重增加,比如在人才评价中,中低级人才主要是看他们的一技之长,此时应该予以激励,加大所具有的优点的权重。换言之,因素的状态值越大,其在评价指标体系中的权重随之增大。以下均为激励型变权均衡函数:

$$B_{\alpha}(x_1,\cdots,x_m) = \sum_{j=1}^{m} x_j^{\alpha} \qquad (\alpha > 1) \tag{8-14}$$

$$B_p(x_1,\cdots,x_m) = \sum_{j=1}^{m}\left[\frac{1}{6}x_j^3 - \frac{1}{2}p_j x_j^2 + \left(\frac{5}{6} + \frac{1}{2}p_j\right)x_j\right] \tag{8-15}$$

其中,$\left(p = (p_1,\cdots,p_m)^T,\ -\frac{5}{3} \leqslant p_j \leqslant 0, j = 1,2,\cdots,m\right)$

C. 混合型变权是指将惩罚型变权与激励型变权加以混合的变权方式,其中该状态变权向量对某些因素具有惩罚性,而对另外的一些因素具有激励性。以下均为混合型变权均衡函数:

$$B(x_1,\cdots,x_m) = \sum_{j=1}^{l} x_j^{\alpha} + \sum_{j=l+1}^{m} x_j^{\beta} \qquad (0 < \alpha \leqslant 1, \beta > 1) \tag{8-16}$$

$$B_p(x_1,\cdots,x_m) = \sum_{j=1}^{m}\left[\frac{1}{6}x_j^3 - \frac{1}{2}p_j x_j^2 + \left(\frac{5}{6} + \frac{1}{2}p_j\right)x_j\right] \tag{8-17}$$

其中,(当 $1 \leqslant j \leqslant l$ 时,$-\frac{5}{3} \leqslant p_j \leqslant 0$;当 $l < j \leqslant m$ 时,$1 \leqslant p_j \leqslant \frac{8}{3}$)。

8.1.3　模糊综合评价方法

模糊综合评价法是由美国自动化控制领域的查德教授提出来的一种基于模糊数学理论的综合评价方法。模糊综合评价法是根据模糊数学的隶属度理论把定性评价转化为定量评价的一种评价方法。其特点是评价结果清晰,评价流程系统性强,能很好解决模糊难以量化的问题,适合解决各式非确定性问题。

模糊综合评价法分为一级模糊多目标决策和多级模糊多目标决策。一般人们处理复杂系统的时候,要综合分析很多的因素,在分析的过程中主要有两方面的问题。一是因素过多,对于它们的权重分配难于确定,即使确定了,由于因素太多,每个因素的权值都会很小,于是会出现经运算后显现不出有价值的结果的现象;二是因素可能有类别或层次,难于在同一水平上确定权重。在这种情况下一般使用多级模糊多目标决策。模糊综合评判包括六个基本要素:

(1)评判因素论域 U。U 代表当前隧道施工风险因素组成的集合。

(2)评语等级论域 V。V 代表综合评判中评语组成的集合,本文中代表隧道施工安全风险等级划分。

(3)模糊关系矩阵 R。R 是单因素评价的结果,本文中代表对某一项隧道施工风险因素的评判结果。

(4)评判因素权重向量 A。A 代表评价因素在被评判对象中的相对重要程度,本文代表隧道施工风险因素的权重向量。

(5)合成算子。合成算子指的是合成 A 与 R 的计算方法。本文使用的模糊合成算子不同于以往隧道施工风险评估中权重向量 A 与模糊关系矩阵 R 直接相乘的算法,本文中使用的合成算子共有四种,如下所示:

①$M(\wedge,\vee)$算子

$$S_k=\bigvee_{j=1}^{m}(\mu_j\wedge r_{jk})=\max_{1\leqslant j\leqslant m}\{\min(\mu_j,r_{jk})\}\qquad(k=1,2,\cdots,n)\tag{8-18}$$

②$M(\bullet,\vee)$算子

$$S_k=\bigvee_{j=1}^{m}(\mu_j\cdot r_{jk})=\max_{1\leqslant j\leqslant m}\{\mu_j\cdot r_{jk}\}\qquad(k=1,2,\cdots,n)\tag{8-19}$$

③$M(\wedge,\oplus)$算子

$$S_k=\min\{1,\sum_{j=1}^{m}\min(\mu_j,r_{jk})\}\qquad(k=1,2,\cdots,n)\tag{8-20}$$

④$M(\bullet,\oplus)$算子

$$S_k=\min\{1,\sum_{j=1}^{m}\mu_j r_{jk}\}\qquad(k=1,2,\cdots,n)\tag{8-21}$$

式中:μ_j——隧道风险因素权重;

r_{jk}——k 评价下 j 风险因素的隶属度。不同的合成算子在模糊综合评价中特点不同,对不同合成算子特点总结见表8-4。

模糊综合评价合成算子对比 表8-4

特点	合成算子			
	$M(\wedge,\vee)$	$M(\bullet,\vee)$	$M(\wedge,\oplus)$	$M(\bullet,\oplus)$
体现权重数作用	不明显	明显	不明显	明显
综合程度	弱	弱	强	强
利用 R 的信息	不充分	不充分	比较充分	充分
类型	主因素突出型	主因素突出型	加权平均型	加权平均型

(6)评判结果向量 B。评判结果向量 B 是对被评判对象综合状况在不同等级下的隶属程度的描述。

模糊综合评判一般有两种形式,一级数学模型和多级数学模型。当隧道施工风险指标体系只有一个层次的时候,可采用一级模型;当隧道施工风险指标体系分为两个层次或两个层次以上的时候,当采用多级模型。

建立一级模型的步骤如下所示:

①建立评判对象的因素论域 U

$$U = \{u_1, u_2, \cdots, u_n\} \tag{8-22}$$

这一步在构建隧道施工风险指标体系因素集的时候已经完成。

②建立评价语等级论域 V

$$V = \{v_1, v_2, \cdots, v_n\} \tag{8-23}$$

这一步同样在构建隧道施工风险指标体系评价集的时候已经完成。

③进行单因素评价,建立模糊关系矩阵 R

$$R = \begin{bmatrix} r_{11} & r_{12} & \cdots & r_{1m} \\ r_{21} & r_{22} & \cdots & r_{2m} \\ \vdots & \vdots & \vdots & \vdots \\ r_{n1} & r_{n2} & \cdots & r_{mm} \end{bmatrix} \tag{8-24}$$

式中,r_{ij}为 U 中因素 u_i 对应 V 中等级 v_j 的隶属度,当 r_{ij}越大的时候表明隧道施工风险因素 u_i 对应的施工风险等级越可能是等级 v_j。本文运用云模型理论构建起云隶属度函数,通过输入因素 u_i 对应的工程数据,在云隶属度函数上找到因素 u_i 对应 V 中等级 v_j 的隶属度,从而建立起模糊关系矩阵 R。

④确定评判因素权重向量 A

A 取决于在进行模糊综合评判时依次着重于哪些隧道施工风险因素。本文运用层次法确定评判因素权重向量 $A = \{a_1, a_2, \cdots, a_n\}$,并且规定

$$\sum_{i=1}^{n} a_i = 1 \qquad a_i \geqslant 0(i = 1,2,\cdots,n) \tag{8-25}$$

⑤选择合成算子,进行综合评判

$$B = A \circ R \tag{8-26}$$

式中“∘”代表合成算子。

记 $B = \{b_1, b_2, \cdots, b_n\}$,最终模糊评判结果需要进行归一化处理,使其满足 $\sum_{j=1}^{n} b_j = 1$。

运用四种不同的合成算子进行计算,最终得出四个不同的模糊综合评判结果,对四个模糊评判结果进行综合分析,最终选取一个更符合隧道施工实际情况的模糊综合评判结果。

建立多级模糊综合评判模型的方法是在一级模型的基础上进行的，先对低层因素进行综合评判，再将若干低层因素综合评判结果构建成高层因素的模糊关系矩阵 R_0，最后选择合成算子，将高层因素模糊关系矩阵 R_0 和高层因素权重向量 A_0 通过合成算子进行综合评判。

在得到综合评判结果 B 之后，本文采用最大隶属度原则，即 $B=\{b_1,b_2,\cdots,b_n\}$ 中最大的隶属度 b_j 所对应评价语等级论域 V 中的评价等级 v_j 即为因素论域 U 中因素 u_i 的隧道施工风险等级。

各因素的等级隶属度是通过各自的构造函数或者 Karwowski 模糊隶属度函数（见表 8-5）确定，权重与等级隶属度的向量积可得综合等级隶属度向量，如下所示：

$$B=\begin{Bmatrix}B_1\\ \vdots\\ B_n\end{Bmatrix}=\begin{Bmatrix}b_{11} & \cdots & b_{1k}\\ \vdots & \ddots & \vdots\\ b_{n1} & \cdots & b_{nk}\end{Bmatrix} \tag{8-27}$$

式中，b_{ij}是指第 i 个因素的第 j 等级对该因素的隶属度，通过构造含水（地下水）或表 8-5 选择。

隶属度函数的选取应根据评价问题性质以及所选定的评价指标的特点来确定，选择不同的隶属度函数会导致最终的评价结果出现差异。常用的五种典型隶属度分布函数为矩形分布、梯形分布、高斯分布、柯西分布、岭形分布。列出了这五种隶属度函数的函数方程表达形式。常用的隶属度函数见表 8-5。

五种典型的隶属度函数分布形式 表 8-5

	偏小型	中间型	偏大型
矩形分布	$R(x)=\begin{cases}1, & x\leqslant a\\ 0, & x>a\end{cases}$	$R(x)=\begin{cases}1, & x\leqslant a\\ 1, & b>x\geqslant a\\ 0, & x>b\end{cases}$	$R(x)=\begin{cases}1, & x<a\\ 0, & x\geqslant a\end{cases}$
梯形分布	$R(x)=\begin{cases}1, & x<a\\ \frac{b-x}{b-a}, & a\leqslant x\leqslant b\\ 0, & x>b\end{cases}$	$R(x)=\begin{cases}\frac{x-a}{b-a}, & a\leqslant x<b\\ 1, & b\leqslant x<c\\ \frac{d-x}{d-c}, & c\leqslant x<d\\ 1, & x\geqslant d\end{cases}$	$R(x)=\begin{cases}0, & x<a\\ \frac{x-a}{b-a}, & a\leqslant x\leqslant b\\ 1, & x>b\end{cases}$
高斯分布	$R(x)=\begin{cases}1, & x\leqslant a\\ e^{-\left(\frac{x-a}{\sigma}\right)^2}, & x>a\end{cases}$	$R(x)=e^{-\left(\frac{x-a}{\sigma}\right)^2}$ $-\infty<x<+\infty$	$R(x)=\begin{cases}1-e^{-\left(\frac{x-a}{\sigma}\right)^2}, & x\leqslant a\\ 1, & x>a\end{cases}$
柯西分布	$R(x)=\begin{cases}1, x\leqslant a\\ \frac{1}{1+\alpha(x-\alpha)^{\beta}},\\ \alpha<x,\alpha>0,\beta>0\end{cases}$	$R(x)=\frac{1}{1+\alpha(x-\alpha)^{\beta}},$ $\alpha>0,\beta>0$	$R(x)=\begin{cases}\frac{1}{1+\alpha(x-\alpha)^{\beta}},\\ x\leqslant\alpha,\alpha>0,\beta>0\\ 1,\alpha<x\end{cases}$

续上表

	偏小型	中间型	偏大型
岭形分布	$R(x)=\begin{cases}1,x\leqslant a_1\\ \frac{1}{2}-\frac{1}{2}\sin\frac{\pi}{a_2-a_1}\left(x-\frac{a_1+a_2}{2}\right)\\ a_1<x<a_2\\ 0,x>a_2\end{cases}$	$R(x)=\begin{cases}0,x\leqslant -a_2;1,\\ -a_1<x\leqslant a_1\\ \frac{1}{2}+\frac{1}{2}\sin\frac{\pi}{a_2-a_1}\left(x-\frac{a_1+a_2}{2}\right)\\ -a_2<x\leqslant -a_1\\ \frac{1}{2}-\frac{1}{2}\sin\frac{\pi}{a_2-a_1}\left(x-\frac{a_1+a_2}{2}\right)\\ a_1<x\leqslant a_2\end{cases}$	$R(x)=\begin{cases}0,x\leqslant a_1\\ \frac{1}{2}+\frac{1}{2}\sin\frac{\pi}{a_2-a_1}\left(x-\frac{a_1+a_2}{2}\right)\\ a_1<x\leqslant a_2\\ 1,x>a_2\end{cases}$

针对上文中的风险评估指标体系特征，以及隶属度函数的属性。本文对指标中的定性指标采用梯形隶属度函数，定量指标采用岭形分布隶属度函数。通过指标状态值及隶属度函数确定出指标等级隶属度。地下水风险等级隶属度构造函数如下：

$$s_1=\begin{cases}1 & (h>a)\\ \frac{h-b}{a-b} & (b<h<a)\\ 0 & (h\leqslant b)\end{cases} \tag{8-28}$$

$$s_2=\begin{cases}0 & (h\geqslant a \text{ or } h<c)\\ \frac{a-h}{a-b} & (b\leqslant h<a)\\ \frac{c-h}{c-b} & (c\leqslant h<b)\end{cases} \tag{8-29}$$

$$s_3=\begin{cases}0 & (h\geqslant b)\\ \frac{b-h}{b-c} & (c<h<b)\\ \frac{x}{b-h} & (h\leqslant c)\end{cases} \tag{8-30}$$

$$s_4=\begin{cases}0 & (h\geqslant b)\\ \frac{b-h}{b-c} & (c<h<b)\\ \frac{b-h-x}{b-h} & (h\leqslant c)\end{cases} \tag{8-31}$$

其中 $a=60, b=30, c=0, x=10$。

应用模糊变换原理对相关各因素进行综合评价,可得到突水风险发生概率的综合评价集:

$$C = A \cdot B = \{c_1, c_1, \cdots, c_4\} \tag{8-32}$$

根据最大隶属度原则,选择 C 中最大的元素对应的等级为突水风险的评价等级。

8.1.4 基于变权理论的隧道风险评估模型

结合模糊综合评估法和变权理论的优点,本文从宏观和微观两个角度出发,采用层次分析法对动态指标体系进行初始权重的计算,鉴于在实际操作应用的过程中,该动态指标体系随着时空的演化,不能完全符合隧道施工的真实情况,导致在后续的评估中出现权重的确定不考虑指标的状态值。故引入混合型状态变权向量,对评价指标中的指标进行权重的微调。

(1) 隧道施工风险评语集确定

根据现有的研究基础,将隧道施工期风险等级分为5级,即:轻微的、较大的、严重的、很严重的、灾难性的。

(2)动态评价指标体系建立及初始权重确定

在前文针对隧道风险因素的研究基础上,从“4M1E”隧道风险指标体系中,结合当前隧道施工段的具体情况,利用风险识别方法对当前施工段的风险指标进行确定。同时,利用基于隧道风险信息的数据挖掘结果对指标体系进行优化,最终确定适用于该隧道施工段的风险评估指标体系 $U_{(t,r)}$,该指标体系将在接下来的一段施工区间对隧道施工安全风险进行综合评价。

$$U_{(t,r)} = [u_1, u_2, \cdots, u_i, \cdots, u_t] \tag{8-33}$$

式中 $u_i(i = 1,2,\cdots,t)$ 为第 i 个指标。

对隧道风险评价指标采用层次分析法确定初始权重,根据专家对各指标的相对重要性的判断矩阵 C,计算矩阵 C 的最大特征根 $\lambda_{\max}$,进行一致性检验求出 $CI = \dfrac{\lambda_{\max} - n}{n-1}$,并查平均随机一致性指标 RI,进而计算检验系数 $CR = \dfrac{CI}{RI}$,在符合 $CR<0.1$ 的情况下,计算判断矩阵 C 的特征向量,经过归一化处理后几位各指标的初始权重向量。

$$W^0 = [w_1^0, w_2^0, \cdots, w_n^0] \tag{8-34}$$

(3)变权均衡函数

由于指标体系中指标的多样性,部分指标随状态值的升高对隧道的风险是越劣化,部分指标随状态值的升高对隧道的风险是减轻。因此,选择局部惩罚-激励型变权函数,见式(8-35)。

$$S_i(x) = \begin{cases} \dfrac{c_2 - c_1}{\lambda - \mu}\mu\ln\dfrac{\mu}{x_i} + c_2 \\ -\dfrac{c_2 - c_1}{\lambda - \mu}x_i + \dfrac{c_2\lambda - c_1\mu}{\lambda - \mu} \\ C + \dfrac{c_2 - c_1}{2(\lambda - \mu)(\alpha - \lambda)}(\alpha - x_i)^2 \end{cases} \tag{8-35}$$

其中,函数 $S_i(x)$ 在区间(0,1)连续可导,$0 < \mu < \lambda < \alpha < \beta < 1$,$0 < C < c_1 < c_2 < 1$,其中用 α 表示均衡函数对指标因素的惩罚水平,β 为均衡函数对指标因素的激励水平;C、c_1 与 c_2 为均衡函数的评价策略;K 为调整系数。

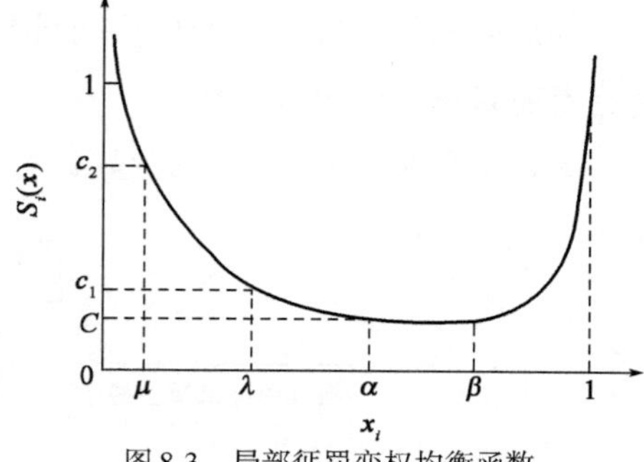

图 8-3 局部惩罚变权均衡函数

从图 8-3 中可以看出该变权均衡函数具有以下特点:在$(0,\alpha)$为受惩罚区间,其中$(0,\mu]$为特强惩罚区间,$(\mu,\lambda]$为强惩罚区间,(λ,α)为弱惩罚区间;$[\alpha,\beta]$为指标合格区间,不进行变权;$(\beta,1)$为合格区间,对指标体系中状态值区域好的一端的权重进行奖励型定权。

(4)隧道施工风险模糊综合评价

针对隧道施工风险指标评价界限模糊、量化困难,对部分定性指标采用模糊评价理论进行定量化处理,选择合适的隶属度函数构建隶属度矩阵 R,再结合变权后确定的权重向量,从而综合评价出路面使用性能准确、真实的状态。

在本文中采用的风险评价因素级评定分为 5 个等级,建立评价语等级论域 $V = \{v_1, v_2, \cdots, v_n\}$,根据选择的隶属度函数,确定出单因素隶属度矩阵进行单因素评价,建立模糊关系矩阵 R:

$$R = \begin{bmatrix} r_{11} & r_{12} & \cdots & r_{1m} \\ r_{21} & r_{22} & \cdots & r_{2m} \\ \vdots & \vdots & \vdots & \vdots \\ r_{n1} & r_{n2} & \cdots & r_{mm} \end{bmatrix} \tag{8-36}$$

式中,r_{ij}为 U 中因素 u_i 对应 V 中等级 v_j 的隶属度,当 r_{ij}越大的时候表明隧道施工风险因素 u_i 对应的施工风险等级越可能是等级 v_j。本文构建起隶属度函数,通过输入因素 u_i 对应的状态值,在隶属度函数上找到因素 u_i 对应 V 中等级 v_j 的隶属度,从而建立起模糊关系矩阵 R。

结合隧道风险模糊综合评估流程,动态风险变权综合评估流程主要分为以下步骤:

①采用现场巡检的方式结合风险识别方法,在“4M1E”的隧道风险指标体系的框架下,确

定现阶段隧道施工风险因素评价集，同时利用数据挖掘的结果对指标进行补充优化，形成最终的风险评价指标集。

②根据专家对指标体系的相对重要度评价矩阵，采用层次分析法确定出指标体系的初始权重。

③结合模糊理论，将定性指标进行定量转化，构建指标的状态值向量。同时选取梯形隶属度函数，根据指标的状态值形成隶属度矩阵。

④选取局部惩罚变权均衡函数作为指标变权的状态变权向量，根据指标状态值及指标状态值对隧道风险的影响情况，采用变权公式对指标权重进行调整形成评价指标体系权重向量。

⑤最终利用指标体系的权重向量和隶属度矩阵，计算隶属度向量，并采用最大隶属度原则确定当前状态下的风险等级。

图8-4是变权综合评价流程图。

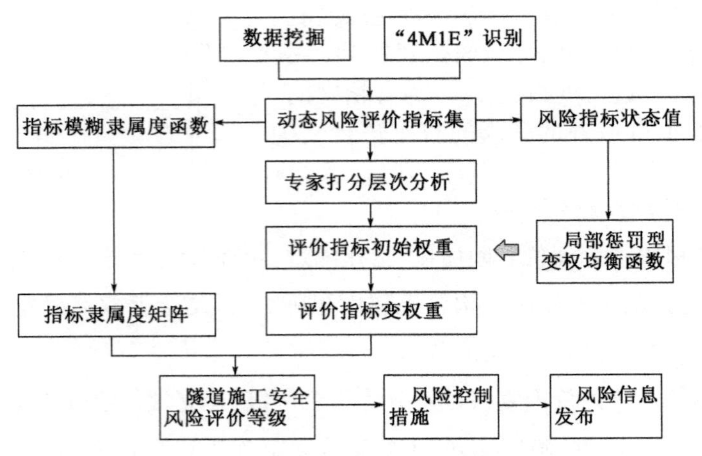

图8-4　变权综合评价流程图

8.1.5　施工全过程风险评估流程设计

随着我国公路山岭隧道需求的不断增加，建设规模随之越来越大，洞身坍塌、洞口失稳、突泥涌水等事故频发，单独的静态风险评估难以满足现有安全施工的要求，需结合工程实际采用隧道施工全过程的安全风险评估系统。需要在施工的全过程中均采取相应的风险管理措施，使风险识别及预防能贯穿项目整个建设期，确保工程建设全过程的安全。

在进行全过程风险评估中，需要先将工程划分为不同分项项目，分项工程再细分为各工序，这样，各个工序群组成了项目建设的全过程。在不同的建设阶段，针对不同的风险防控目标，对各个子工程进行风险评级及量化，通过不同子工程风险值的大小，有重点地对项目进行把控，在达到风险受控的同时，还可充分保障利益最大化。

隧道施工全过程动态风险管理是将以往工程项目中的零散的、单项的风险管理进行系统化、流程化，将具有统一的管理目标、完善的管理流程的风险管理机制贯穿在隧道施工建设的全过程中。针对隧道施工全过程风险动态性特征，结合风险评估方法和动态风险管理模式，提出更系统、合理的隧道工程施工全过程的风险识别、评估及控制的风险管理过程框架，实现更加科学、系统及高效的施工全过程动态风险管理。

基于超大断面隧道施工风险的复杂、动态性及随机演化，结合本文提出的超大断面隧道施工风险演化规律，利用德尔菲风险识别方法，及基于地质因素、人员设备因素、监控量测因素的施工风险评价因素集，构建基于梯形云模型的超大断面隧道施工风险指标体系，采用层次分析法，确定当前隧道施工风险指标权重，选择合适数字特征构建梯形云模型，融合模糊综合评判的方法对隧道施工风险等级进行评判，基于判定的隧道施工风险等级提出风险控制方案，判断控制方案处理效果是否达到预期效果，如果没有达到预期，则需在下个风险评估周期继续对当前施工段存在的问题进行风险识别、评估及控制，风险评估流程见图 8-5。

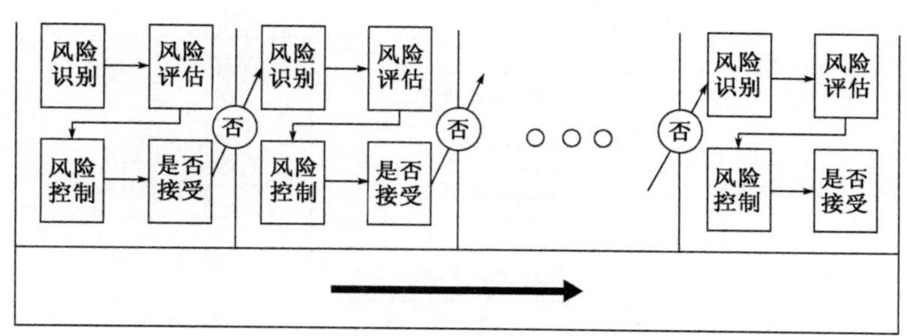

图 8-5 施工全过程风险评估流程

将超大断面隧道施工全过程风险评估划分为四个层次：基础层、识别层、评估层、循环层。在隧道施工前期，根据相关地勘资料及社会稳定性分析等专项资料，结合以往长大隧道建设经验，展开静态风险评估，识别可能发生的风险源并结合当前情况进行分类，对重大危险源进行专项量化评估，在初步进行风险等级确认的基础上，结合隧道不同开挖段落情况，展开动态风险评估，根据围岩揭示、监控量测及超前地质预报情况，对当前段落以及下一段落风险进行量化分级，根据评估结果采取相应的风险应对措施，指导施工。若当前措施仍难以满足风险管控目标，则重新采取风险评估方法进行分级，直到能够保证隧道开挖安全，达到最终风险管控目标，施工全过程风险评估流程见图 8-6。

8.1.6 依托工程应用

老虎山隧道位于济南市搬倒井村北，横跨历下区、市中区两地为分离式隧道，隧道为单洞四车道公路隧道，是目前山东省内跨径最大的隧道。隧道相对高差约为 90m，洞顶最大埋深约为 127.8m，隧道左洞长 1 740m、右洞长 1 888m，属长隧道。隧址区为第四系坡积层（Q3）碎石和奥陶系（O）灰岩，围岩整体较破碎，四级及以上围岩占全长的 79.40%，隧道进口位于老虎山山脚，一般为黄褐色碎石土，由砂性土和灰岩等碎块构成，进洞口段发育有多组节理裂隙。隧址区地下水主要为大气降雨补给，雨季时水量稍大，水量较大时隧道层理裂隙发育部位易出水；地下水类型主要有松散岩类孔隙水、基岩风化带网状裂隙水和基岩构造裂隙水。通过前期的隧道安全风险的初步调查，老虎山隧道主要风险类型有塌方、掉块，施工风险等级较高，表8-6为老虎山主要风险等级统计表。

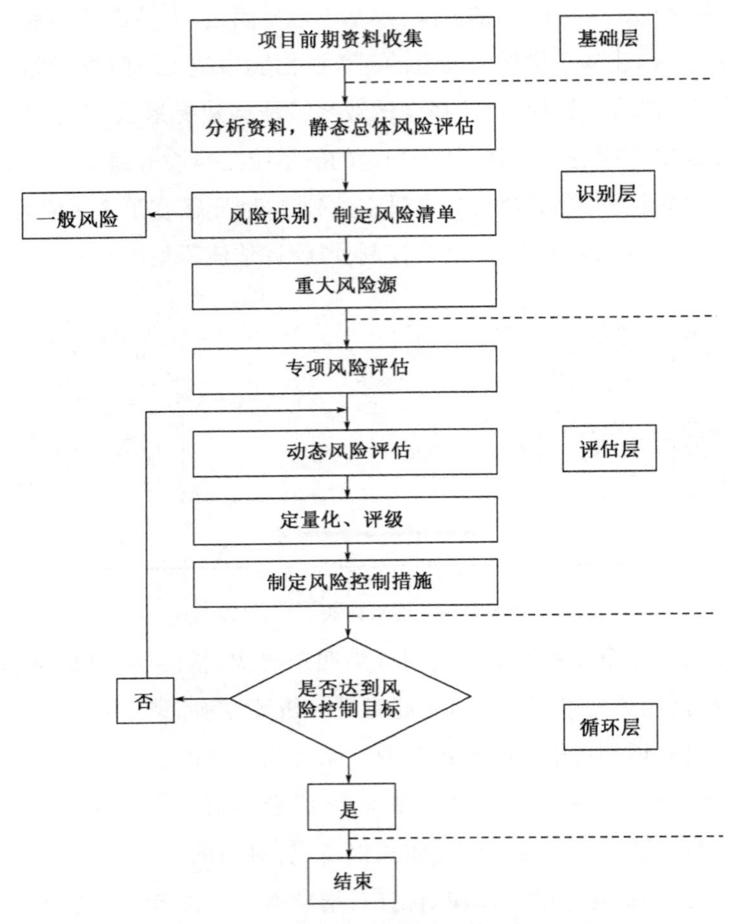

图8-6　施工全过程风险评估流程

老虎山隧道主要安全风险等级统计表　　表8-6

隧　道	风险类型	施工风险等级	段　数
左洞线	塌方、掉块、大变形	Ⅰ	5
		Ⅱ	4
		Ⅲ	4
右洞线	塌方、掉块	Ⅰ	5
		Ⅱ	6
		Ⅲ	4

通过风险管控项目组在老虎山隧道 K2 + 378—K2 + 450 隧道施工间的现场风险排查和识别，基于"4M1E"隧道施工期风险指标体系框架，从人员方面、施工机械、危险物料、人员管理、复杂地质条件五个方面建立一个该路段的风险评价指标体系。

该软件系统中使用了动态索引树技术实现了系统的动态风险评估指标体系的建立，如图 8-7 所示。

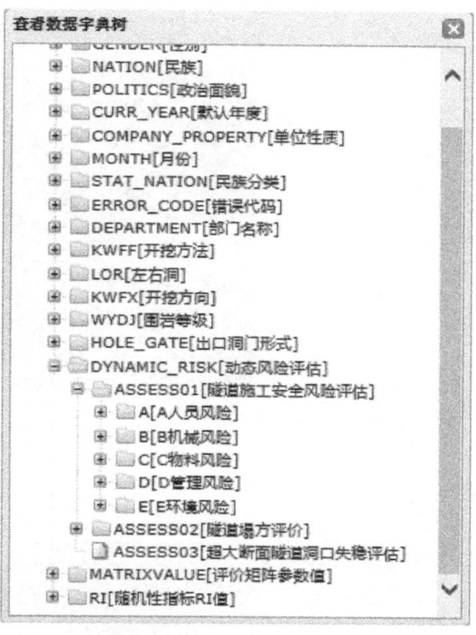

图 8-7　数据字典索引树

在隧道施工过程中，系统实时记录了隧道围岩变更、监控量测、施工距离的异常情况。

图 8-8 为围岩变更界面，通过后台数据库的更新，围岩变更里程段及围岩级别变化情况均罗列在系统中，每段变更详情可在空间地图中选择显现。图 8-9 所示为监控量测界面，该界面中可按时序展示各监控断面的拱顶沉降与周边收敛异常值。

图 8-10 为施工距离界面，该界面可按时序展示正洞或各导洞掌子面与仰拱、二次衬砌的安全距离，并判断是否合理。

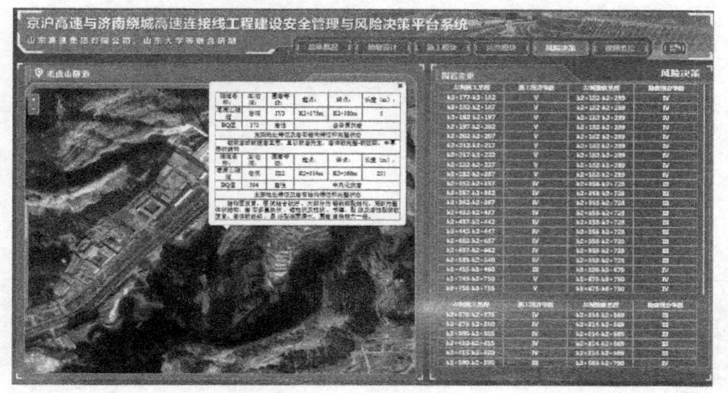

图 8-8　围岩变更界面

图 8-11 ~ 图 8-13 为风险评估界面，本文选择老虎山隧道左洞 K2 + 80—K2 + 200 区间在施工期间的塌方风险进行示例，界面中展示了一级风险因素综合权重值（$W_{人} = 0.170$，$W_{机} = 0.270$，$W_{料} = 0.205$，$W_{法} = 0.255$，$W_{环} = 0.100$），可看出老虎山隧道该评估段的最大风险因素为施工机械；点击机械因素进入二级风险因素综合权重展示界面，可知爆破机械风险最大，其权重值为 0.286；该界面中另展示了该段风险评估等级及其隶属度，可知风险等级为Ⅲ级，其隶属度为 0.237；同时能智能输出该风险等级下的风险控制措施及建议。

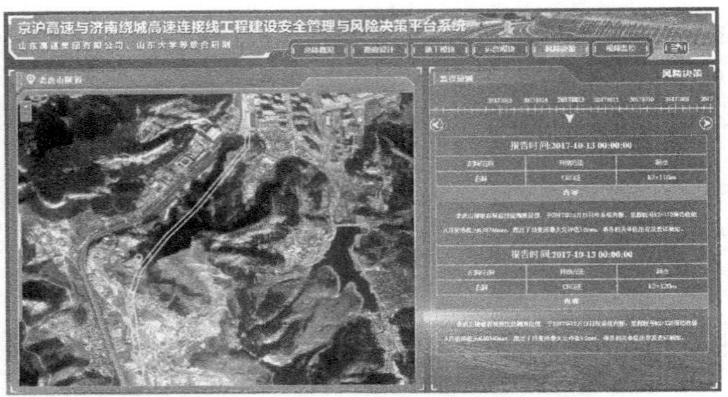

图 8-9　监控量测界面

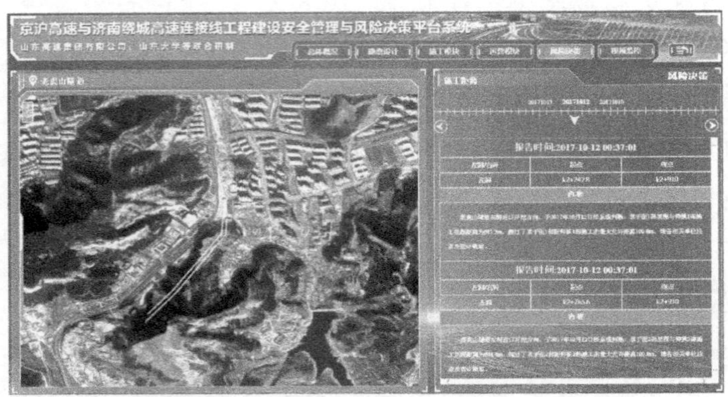

图 8-10　施工距离界面

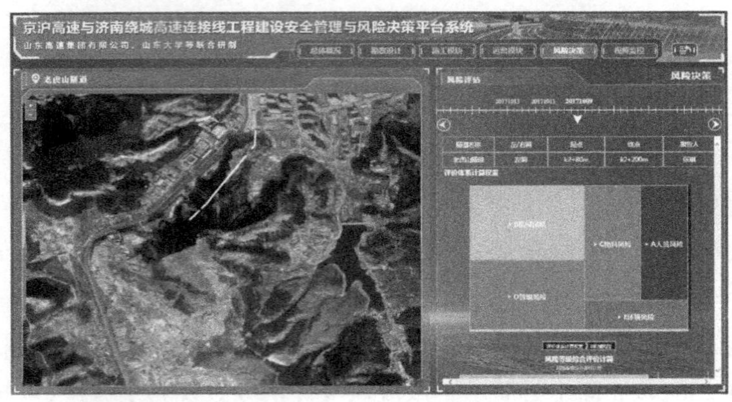

图 8-11　一级风险因素综合权重

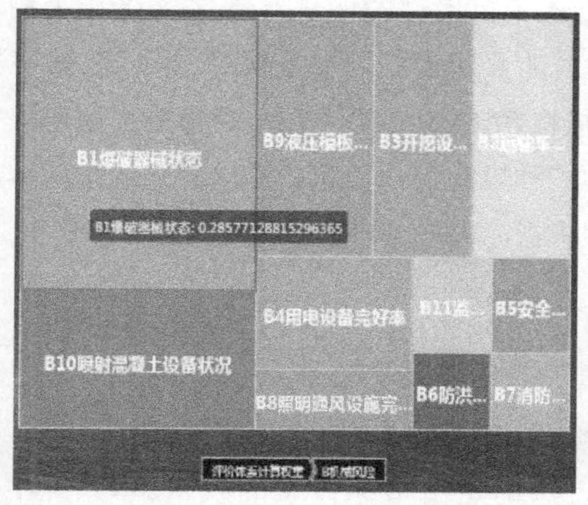

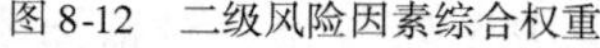

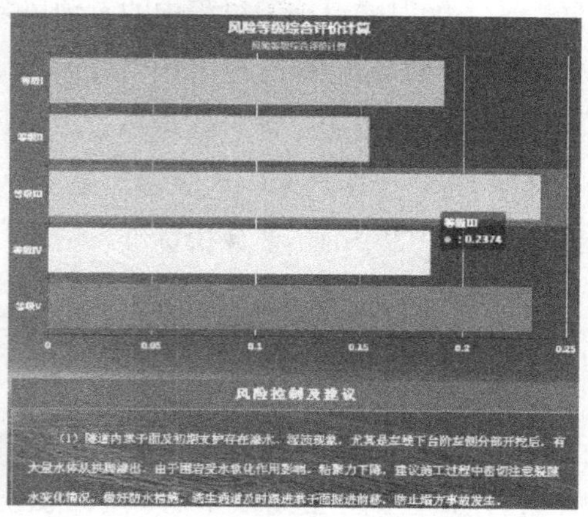

图8-12　二级风险因素综合权重

图8-13　风险等级及风险控制

8.2　动态风险评估与管控

8.2.1　隧道动态风险评估

动态风险评估功能是指实现隧道施工全过程风险评估与控制的过程,依据工程风险事故的统计与分析,结合隧道开挖当前施工人员、地质条件(4M1E)的状态,采用动态索引树结构图构建起该段的风险评估指标体系,并利用层次分析法及变权模糊综合评估方法开展风险评估,评估结果实现隧道风险的可视化。同时,根据当前风险评估结果与风险控制措施,实现动态风险评估报告的生成、查询、发布与打印。图8-14、图8-15为系统中采用数据字典建立的风险评价指标体系,通过“新建”“更新”“删除”等操作来动态控制数据字典采用动态 *R* 树数据结构,可以动态更新系统中的评估指标。

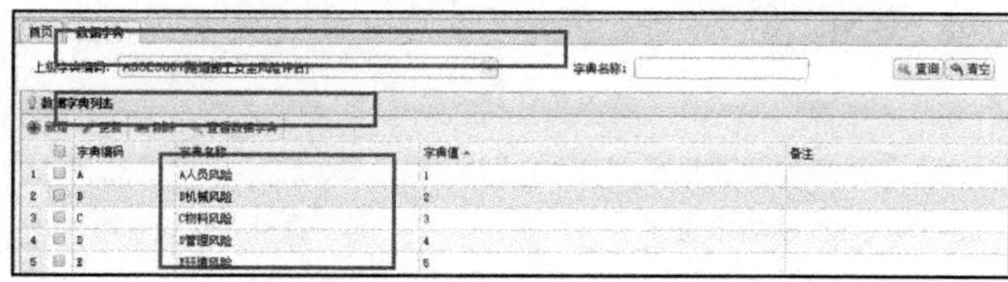

图8-14　隧道施工风险评价一级指标建立

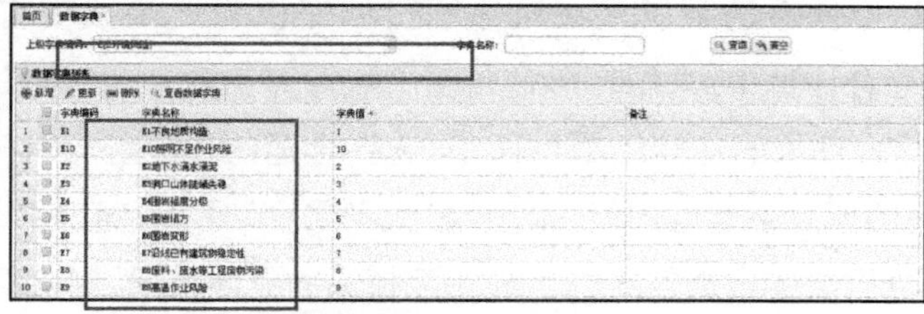

图8-15　隧道施工风险评价二级指标建立

同时为了能对隧道施工过程中的专项风险进行有针对性的评估控制，本系统中采用动态指标体系结构，建立起隧道施工中专项风险评估的层次模型。在系统中，采用数据字典如图8-16中建立的隧道施工评价隧道塌方风险评估指标、隧道施工中洞口高边坡失稳风险的评价指标体系，每一个字典编码代表隧道施工中的一种风险评价体系。建立起来的指标体系将成为隧道后期评估中的主要评价标准，评价过程中指标也可以依据实际情况进行调整。

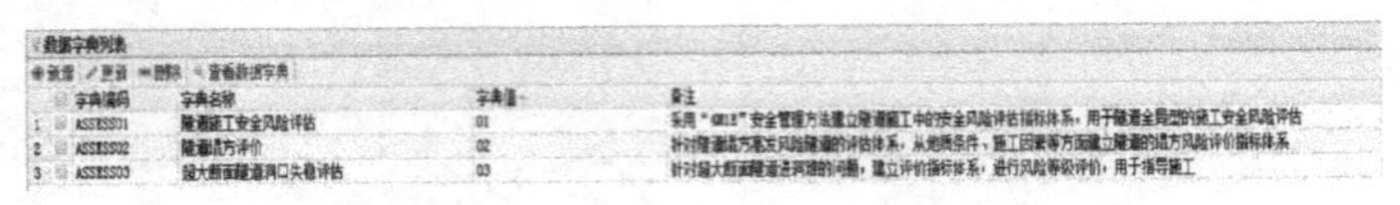

图8-16　不同风险评价指标体系

评价指标体系建立完成后，采用层次分析法确定出指标体系的权重，本系统中采用(1/9～9)的相对重要度标准形成指标的相对重要度矩阵，从而计算出一级指标体系及二级指标体系的权重，见图8-17、图8-18。

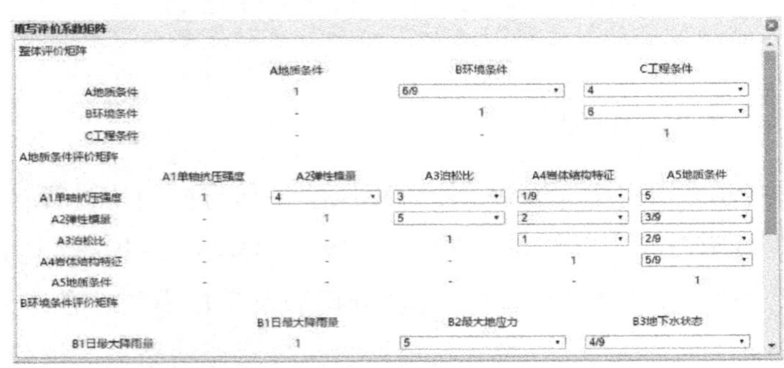

图8-17　层次分析法计算界面

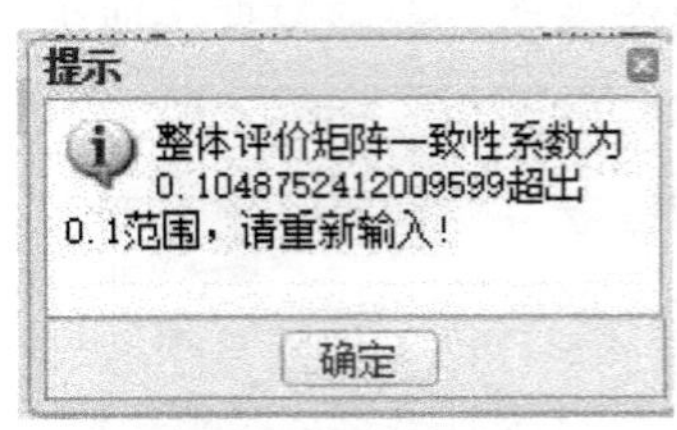

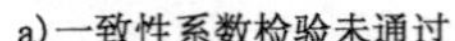
a)一致性系数检验未通过

b)一致性系数检验通过

图8-18　层次分析法一致性系数检验

计算出的评价指标体系的常权重在局部惩罚型变权均衡函数变权处理后，进行模糊综合评价。在模糊综合评价中，采用梯形隶属度函数计算出各个指标的风险等级隶属度，并填入到图8-19模糊综合评价的计算结果界面中，选择合适的模糊综合计算算子，计算出风险评价指标体系的最终的风险隶属度向量，采用“最大隶属度”原则，确定出此次的风险等级，见图8-20，并依据层次分析法中占据较大权重的风险指标的具体情况，制定相应的风险控制措施及建议。

填写模糊矩阵

	A1单轴抗压强度	A2弹性模量	A3泊松比	A4岩体结构特征
I	-0.131	5	5	44
II	-0.127	41	28	7
III	7	40	18	24
IV	4	44	13	48
V	23	34	9	15

返回 保存

图 8-19 模糊综合评价计算界面

风险决策信息

风险等级I	风险等级II	风险等级III	风险等级IV	风险等级V
0.2476	0.1633	0.2030	0.2045	0.1815

图 8-20 风险等级隶属度矩阵

以上即为隧道施工中的风险评估整个流程在系统中的程序化实现,通过施工全过程的动态风险评估,从前期分析隧道施工实际情况到通过现场风险清单核查,确定出最优风险评价指标体系,减少因为指标体系的冗余或缺失;再通过专家打分实现层次分析法及变权重的计算,实现指标体系权重集的动态更新;模糊综合评价最终计算出风险隶属度矩阵;最终系统将以良好的可视化界面展示整个风险评估报表。并激活安全预警系统,以短信或系统通知等形式将风险评估结果及控制意见第一时间发布到相关工作人员及项目管理人员处。

采用变权综合风险评估模型对老虎山隧道开展的一段风险评估示例,在老虎山隧道施工全过程中,持续对老虎山隧道开展相应的隧道施工安全风险评估。并依据老虎山隧道的特殊地质情况,在部分里程对老虎山隧道开展了隧道塌方风险评估。图 8-21、图 8-22 为系统中具有代表性的部分评价结果。

图 8-21 老虎山隧道动态风险评估 GIS 组件可视化

为了进一步阐明风险决策系统在隧道施工期中的风险评估应用,下面选取老虎山隧道在实施过程中的一次风险评估可视化界面作为示例,图 8-23 为老虎山隧道左洞 K2 + 080—K2 + 200 里程段结果可视化。

动态风险评估列表

新增 更新 评价矩阵 数据挖掘 变权分析 模糊矩阵 风险决策 结论及建议 结果发布 删除

	隧道名称	左洞/右洞	起点	终点	长度	评价标准	结论及建议	评估机构	审核人
1	老虎山隧道	左洞	k2+80	k2+120	40	隧道施工安全风	老虎山隧道左洞此施工段风险评估四级	山东高速安全	张琪
2	老虎山隧道	左洞	k2+130	k2+285	155	隧道塌方评价	老虎山隧道左洞此施工段风险评估三级	山东大学岩土	柳尚
3	老虎山隧道	左洞	k2+300	k2+380	80	隧道施工安全风	老虎山左洞此施工段风险评估五级	山东大学岩土	柳尚
4	老虎山隧道	右洞	k1+950	k2+80	130	隧道施工安全风	老虎山左洞此施工段风险评估三级	山东大学岩土	张猛
5	老虎山隧道	右洞	k2+99	k2+265	166	隧道塌方评价	老虎山左洞此施工段塌方风险评估三级	山东大学岩土	柳尚
6	老虎山隧道	右洞	k2+285	k2+368	83	隧道施工安全风	老虎山左洞此施工段风险评估四级	山东大学岩土	陈迪杨
7	老虎山隧道	左洞	k2+400	k2+520	120	隧道施工安全风	老虎山左洞此施工段风险评估三级	山东大学岩土	陈迪杨
8	老虎山隧道	右洞	k2+380	k2+440	60	隧道塌方评价	老虎山左洞此施工段风险评估五级	山东大学岩土	柳尚

图 8-22　老虎山隧道动态风险评估系统

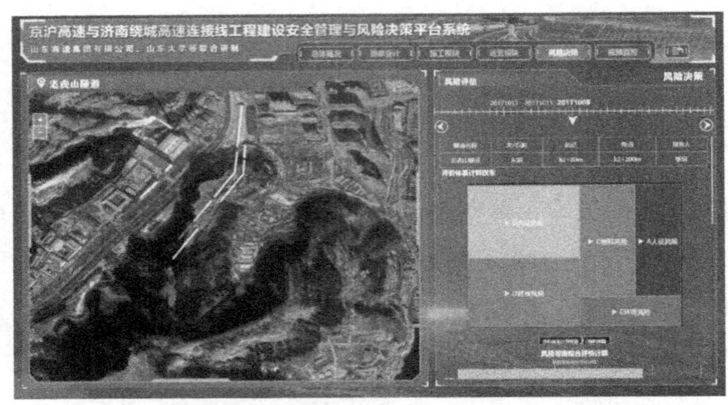

图 8-23　老虎山隧道左洞 K2 +080—K2 +200 里程段结果可视化

在风险评估界面的右侧依据时间轴的控制，可以指定展示对应的风险评估报告信息。对隧道施工中风险评估最为关注的指标体系权重和风险隶属度计算矩阵做了动态展示。每个指标的宽度代表所占的权重的大小，同时点击对应的一级权重指标，即可展示出二级指标变权重，参见图 8-24 和图 8-25。

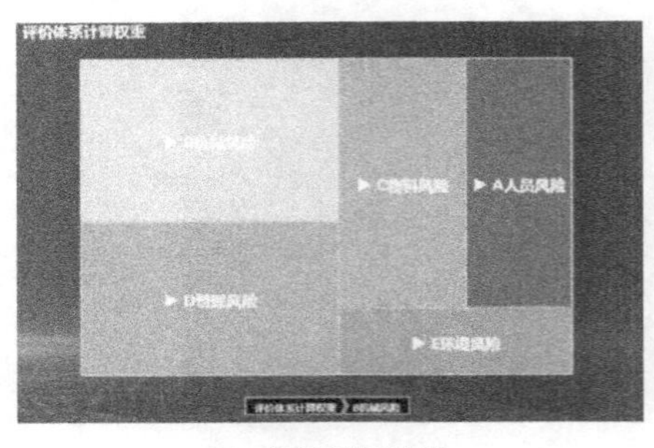

a)一级指标权重值

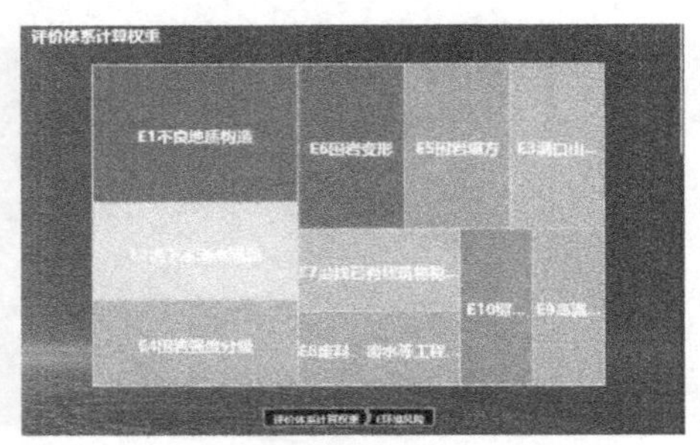

b)二级指标变权重值

图 8-24　隧道风险评价指标权重展示

系统在操作完成一次风险评估流程后，将会自动触发“水平预警系统”实现风险评估结果在系统端、手机端的实时发布，使隧道管理成员及时地接收到隧道最新的动态风险情况。

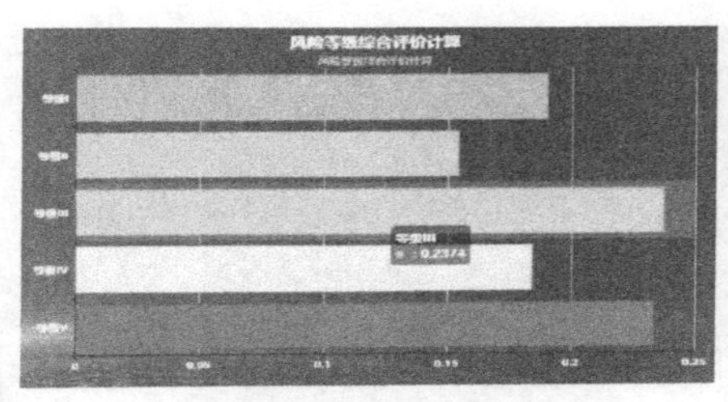

a)风险等级隶属度矩阵结果

风险控制及建议

老虎山隧道左洞此施工段风险评估五级（1）隧道内掌子面及初期支护存在渗水、显渍现象，尤其是左线下台阶左侧分部开挖后，有大量水体从拱脚渗出，由于围岩受水软化作用影响，粘聚力下降，建议施工过程中密切注意裂隙水变化情况，做好防水措施，逃生通道及时跟进掌子面掘进前移，防止塌方事故发生。（2）根据监控量测单位提供监测数据分析，本管控周期内监测数据无异常变化。但现场巡视发现部分监测点位被破坏，应加强监测点保护。

b)风险控制措施及建议

图 8-25　风险评估结果及控制措施建议

8.2.2　风险预警与控制

国际隧道协会所推荐的“ALARP 准则”是隧道与地下工程风险评估过程中最为广泛接受的准则。风险控制是风险管理过程中具有决定性作用的一环,其目的是通过避免风险、降低风险发生强度来改变隧道项目建设方所承受的风险程度。当风险损失无法避免的时候,合理的风险控制措施能尽可能地降低风险所带来的破坏性。为了系统控制隧道施工中的风险事件,必须遵循以下基本原则:

动态跟踪原则。动态风险评估中通过不同的检测方法获取各因素的实时状态信息,能及时地发现事故隐患,迅速采取控制措施来防止事故的发生。以预防预警为主,动态跟踪控制风险,预期效果十分突出。

闭环控制原则。隧道施工组织规模庞大,参与的组织单元众多。安全管理工作部署应当设置具有自动反馈、再评估处理的闭环机制。为此制定合理的工作流程,保证畅通的信息处理、传递路线是保证风险得到有效处理、实时反馈的基本原则。

分级管理原则。风险管理控制组织一般为多层次的阶梯式管理体系,其下级组织在提高自组织能力的同时,能够加强对制定的方针、政策等的执行能力。

在风险评价的结果上,根据项目建设的总体目标,结合风险控制的原则,主要采用风险消除、风险转移、风险缓解及风险自留的控制手段。风险消除可以有效化解风险可能造成的种种损失,如洞口围岩破碎不稳定,在施工中尽量地避开雨季施工,避免了洞口的滑坡、塌方等风险。风险转移是指将施工中无法消除的某种风险,依法将工程风险的结果连同对风险应对的权利和义务转移给第三方,通过保险等合法方式让第三方承当工程风险。

根据隧道安全施工风险中的预警项目,一方面设置浅埋地表沉降、拱顶沉降、周边收敛等动态值的波动阈值建立隧道水平触发预警算法实现的实时动态报警,另一方面采用全局审查机制实现隧道施工中的仰拱施工滞后、二衬跟进滞后等危险超距监测及围岩变更报警,见图 8-26。

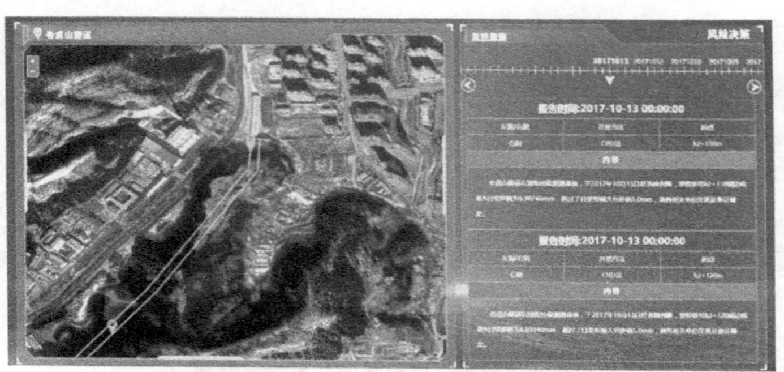

图 8-26　监控量测变形值超限阈值报警

系统实时动态的通过客户端、收集、App 发布预警、报警信息，使隧道安全管控的及时性、全面性得到了充分的保证。系统设置的自主信息发布段为隧道施工管理者提供了便捷的日常事务、重要消息、紧急情况的通知通告，如图 8-27 所示，有利于隧道施工全过程的管理控制。

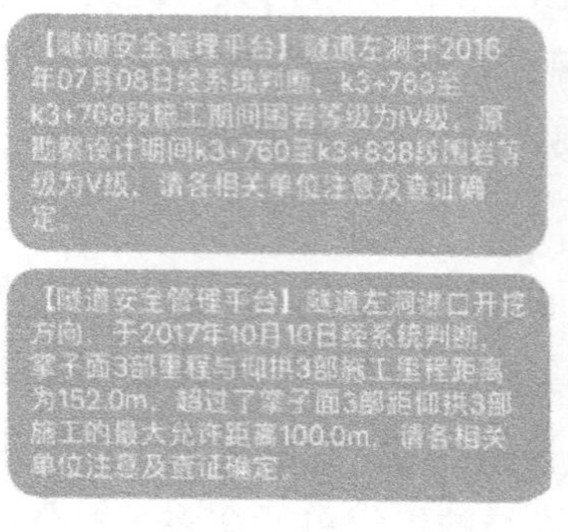

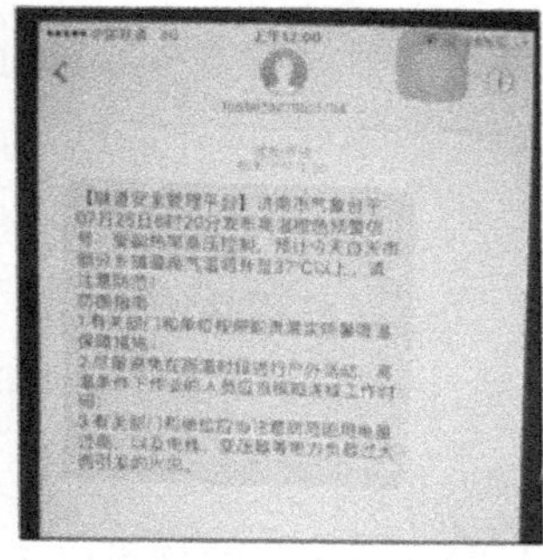

图 8-27　围岩变更、超距及高温预警

参考文献

[1] 王少飞. 公路隧道分类及公路隧道群概念探讨[J]. 公路隧道, 2009(2):10-14.

[2] 昌雷林. 工程项目动态管理初探[J]. 中国城市经济,2011(20).

[3] 杜林鹏,赵学焘. 设计施工总承包(DB)合同模式的项目管理实践[J]. 中外公路, 2015(s1):42-46.

[4] 林知炎. 建筑工程总承包实务[M]. 北京:中国建筑工业出版社,1991.

[5] 白会乔. "新常态"下我国经济保持中高速增长的难点及对策研究[D]. 河北经贸大学,2016.

[6] 安妮. 交通基础设施投资对中国经济增长影响的分析[J]. 经济研究导刊,2013(12):4-6.

[7] 魏照远. 高速公路建设企业青年员工思想政治教育方略探究[D]. 河南中医学院,2014.

[8] 李晓宁,宋妤,任育新. 设计施工总承包项目的投资控制浅析[J]. 城市建设旬刊,2011(4):184-185.

[9] 洪军. 浅谈建设工程监理中的组织协调工作[J]. 环球市场,2017(18).

[10] 张靖伟. 设计施工总承包模式下设计单位功能发挥探讨[J]. 铁道勘察,2008,34(5):92-94.

[11] 牛学伟. 108 国道设计施工总承包项目风险管理[D]. 北京工业大学,2014.

[12] 温庚金,张文文. 践行科学发展观,开创景观设计施工总承包新模式[J]. 城市建设理论研究:电子版, 2011(16).

[13] 丁小军. 浅议设计施工总承包模式在我国公路建设中的应用[J]. 公路,2011(6):114-120.

[14] 胡绍东. 设计施工总承包在公路工程中的应用研究[D]. 武汉理工大学,2007.

[15] 史晓辉. 浅谈设计施工总承包项目的风险控制和造价控制[J]. 经营者,2014(3).

[16] 陈剑溪. 基于工程总承包项目(EPC)的风险管理分析[J]. 铁道勘察,2009,35(2):94-97.

[17] Ma X, Bu N, Tian W. Study on Engineering General Contract Management Mode for Super - high - rise Steel Structure[J]. Construction Technology, 2011.

[18] 毕延慧,谭健. 工程招标中设置招标控制价的利弊[J]. 山东工业技术,2017(13):118-119.

[19] 毛颖. 建设单位如何配合造价咨询单位做好招标控制价[J]. 建筑工人,2010(2):25.

[20] 刘永祥. 公路工程建设项目施工招投标管理研究[D]. 长安大学,2004.

[21] 黄桥连,倪四清,孙梦嘉. 高速公路大标段模式组织管理及其效率研究[J]. 工程管理学报,2015(3):82-87.

[22] 赵小燕. 高速公路项目实施大标段总承包模式的优势[J]. 城市建设理论研究:电子版,2016,6(8).

[23] Li Y, Ba D. Discussion Power Engineering EPC Project Risk Management[J]. Science & Technology & Innovation, 2014.

[24] 周月萍. 施工企业法律风险防范专题系列之八掌控固定总价合同的计价风险[J]. 施工企业管理, 2010(8):95.

[25] 何朋立,郭力,王剑波. 论 21 世纪我国城市地下空间的开发利用[J]. 隧道建设,2005,25(2):13-17. 1.

[26] 李军. 关于建筑节能在土木工程中的重要性研究[J]. 城市建设理论研究:电子版,2014(18).

[27] 吴晶,毛彪. 公路隧道施工综合监测技术研究[J]. 工程技术:引文版,2016(11):00139.

[28] 于翔飞. 高速公路隧道施工关键技术研究[J]. 工程技术:全文版:00160-00161.

[29] 高建宇,郭海鸥,杨庆利,等. 城市地下空间的利用与开发展望[J]. 城市道桥与防洪,2004(5):47-49.

[30] Zeng Z. Study on Comprehensive Monitoring Tech – nology of Highway Tunnel Construction[J]. 2017, 6(2).

[31] 聂利超. 隧道施工含水构造激发极化定量超前地质预报理论及其应用[D]. 山东大学,2014.

[32] 张军. 建筑施工危险源安全评价及管理的方法研究[D]. 大连理工大学,2007.

[33] 周丁恒,曹力桥,房师涛,等. 特大断面隧道支护结构现场试验与三维效应分析[J]. 土木工程学报, 2011(2):136-142.

[34] 许思齐. 浅谈大数据技术对于网络资源的影响如何改变译文质量[J]. 安徽文学(下半月),2016(5):93-94.

[35] 郭宴伟. 施工现场安全管理定位系统的结构设计[J]. 工矿自动化,2012,38(5):103-105.

[36] 郑加林. 基于 J2EE 架构的 WEB 应用系统的性能优化研究与实践[D]. 电子科技大学,2008.

[37] 袁伟,洪玫,魏冬梅. 基于 B/S 模式的 WebGIS 设计与实现[J]. 计算机技术与发展,2008,18(8):8-11.

[38] 高雪山,廖征红. WebGIS 的基本原理及在广东省三防信息查询系统中的应用[J]. 现代计算机,2003(7):49-52.

[39] 杨冬. Shapefile 图形文件的数据存储格式及读写[J]. 首都师范大学学报(自然科学版),2010,31(2):4-8.

[40] Chen Y, Shan H. Research on Safety Risk Early-warning and Real-timing Safety Control of Underground Engineering Construction Based on The Internet of Things and BIM[J]. Bulletin of Science & Technology, 2016.

[41] 饶辉科. 用函数依赖观点解读 E-R 模型转换为关系数据模型的法则[J]. 科技信息,2010(13):118.